MILLE IDÉES POUR

Décorer vos plats

MILLE IDÉES POUR

Décorer vos plats

Table des matières

Avant-propos

En dépit de la vie agitée d'aujourd'hui, nous trouvons toujours des moments de détente à passer en famille ou avec amis et relations. Qu'y a-t-il alors de mieux qu'un repas pris en commun autour de boissons adéquates? Régaler ses hôtes de petits riens particulièrement bien présentés, d'un dîner préparé avec amour ou d'un grand buffet, dépend entièrement de l'occasion. Mais, en toutes circonstances, les mets proposés doivent attirer l'attention par une présentation alléchante, qui égaie l'œil et ouvre l'appétit.

Au fil des siècles, l'art de la table a subi de nombreux changements. Après la Révolution française, quand les anciens chefs de la cour ont ouvert leurs propres restaurants, l'intérêt pour les bons repas bien présentés s'est accru dans la population. Cette évolution s'est développée quand apparurent les premiers grands hôtels, où étaient dressés - pour une clientèle aisée - de coûteux, voire de fastueux buffets.

De nos jours, la décoration a gagné en simplicité. Ce n'est qu'à l'étranger, en Israël ou en Amérique du Sud, par exemple, que l'on trouve encore des décorations de buffet sophistiquées. En Chine et au Japon, l'art de la table répond bel et bien à des règles. Mais dans d'autres pays non européens, où il y a toutes sortes de fruits et légumes, on aime aussi décorer les aliments. En Europe, l'intérêt pour les tables joliment ornées, la bonne cuisine et l'art de la table en général, augmente à nouveau depuis une dizaine d'années. En même temps, le désir de préparer les aliments avec goût et de les présenter en conséquence, s'est éveillé aussi.

Ce livre se propose de venir en aide à tous ceux qui veulent offrir à leurs hôtes non seulement d'excellents produits, mais aussi un plaisir visuel garanti grâce à une décoration alléchante. L'introduction vous apprendra à être vigilants dans vos achats de nourriture, à savoir de quels ustensiles vous avez besoin et sur quelle vaisselle vous devez présenter vos mets. Photos et dessins montrent comment garnir les plats et installer un buffet. Les procédés de base pour confectionner les garnitures sont expliqués pas à pas, afin que même les novices puissent vite se mettre à l'ouvrage.

Prenez plaisir à décorer tables et mets et bonne réussite!

Marianne Müller
Erik Pratsch
Hubert Krieg

L'achat des aliments

Pour la préparation de grands buffets, la nourriture, les garnitures et les plats sont prévus avant la fête, car sinon, il n'est pas garanti de pouvoir se consacrer convenablement à ses invités le moment venu. Afin que la nourriture supporte le stockage sans encombre, il est nécessaire de veiller à la qualité des aliments. La règle d'or est de n'utiliser que des produits frais de toute première qualité! Examinez bien ce qu'on vous propose. L'idéal est d'acheter dans des maisons spécialisées. Là, vous serez bien conseillés et on vous préparera la marchandise, des filets de poisson par exemple ou une selle de chevreuil.

Viande, volaille et charcuterie

On peut jauger, à l'œil, la qualité de la viande, du gibier et de la volaille. La viande de veau doit être rose et pas trop grasse, le bœuf rouge foncé et marbré uniformément. La viande de porc doit être achetée marbrée, car c'est seulement ainsi qu'elle reste juteuse et moelleuse après cuisson. La chair du lapin doit avoir un aspect rose pâle, celle du chevreuil et du cerf rouge foncé. La couleur de la chair du lièvre peut varier selon l'habitat de l'animal, en général elle est rouge sombre. Il faut toujours prendre de la volaille fraîche. Quand elle est de bonne qualité, la chair est également répartie près du bréchet et sur les cuisses.
Il est préférable d'acheter la charcuterie, le saucisson et le jambon en tranches déjà coupées; elles ne doivent toutefois pas être trop fines, sinon elles s'affaisseront après un long séjour sur la table du buffet. Les tranches d'une certaine épaisseur ont plus de tenue.

Poisson

Il est également conseillé d'avoir recours à des produits frais. Chez le poissonnier, on peut faire ôter la peau des poissons et les faire couper en filets. Les poissons frais ont les yeux clairs, leurs ouïes sont rouges. La peau doit briller et la chair doit être ferme. Pour les poissons fumés ou marinés, c'est à la consistance ferme de la chair qu'on reconnaît la fraîcheur. Veillez à ce que les poissons entiers ou les tranches aient à peu près la même taille. Leur présentation en est agrémentée.

Fromage

Parmi les nombreuses sortes de fromages disponibles, ce sont essentiellement les fromages à pâte molle qui conviennent pour les garnitures et les plats. Le fromage frais est utilisé surtout pour la confection de farces et de crèmes. Il doit être consommé au plus vite et donc être tout à fait frais. Pour les autres fromages cités, le degré de maturation et la température à laquelle ils doivent être consommés sont très importants. Un bon fromage doit certes être fait, mais garder cependant une consistance ferme. Vous trouverez d'autres informations sur le fromage à la page 80.

Pain

Parmi les nombreuses sortes de pain proposées chez nous, vous pouvez choisir selon vos goûts et le genre du buffet donné. N'achetez le pain que le jour où il sera consommé, il sera ainsi croustillant avec une mie légère et molle. Le pain déjà coupé en tranches n'est pas recommandé.

Pâtisseries, chocolats de couverture et autres...

Pour toutes ces petites choses, dont on a fréquemment besoin pour la garniture des pâtisseries, l'achat de produits de marque est toujours recommandé.
Les petites tartelettes, soit sucrées soit salées, s'utilisent garnies. On les trouve en épiceries fines. Les chocolats de couverture et les pains de pâte d'amandes se trouvent généralement dans toutes les épiceries bien approvisionnées. Accordez une grande importance à la bonne qualité, car une grande quantité de ces produits est nécessaire pour les garnitures et les gâteaux.
Il est préférable d'acheter le fondant, nécessaire au glaçage, à la pâtisserie. Si vous n'en trouvez pas là, préparez vous-même le glaçage au sucre nécessaire pour la garniture (voir page 120). Les accessoires de garniture, qui sont fréquemment utilisés pour les décors sucrés ou salés, se trouvent en boîte dans les épiceries fines.
Pour la décoration de desserts sucrés, comme les gâteaux ou les petits fours frais, on peut utiliser une variété de petites garnitures déjà prêtes à l'emploi. Les faire soi-même permet plus de créativité, mais demande beaucoup de temps et de travail. Amandes effilées, noix hachées, fruits confits, perles de sucre, fleurs, décorations en chocolat se trouvent maintenant dans les épiceries bien approvisionnées. L'angélique permet de donner de jolies touches de couleur à de nombreuses garnitures. On la trouve en bâtons dans les confiseries ou les pâtisseries.

Fruits et légumes

Les légumes sont, de loin, les aliments les plus utilisés comme garniture. Ils doivent être croquants, mais pas trop durs. Choisissez autant que possible des légumes de même taille, car ils sont plus harmonieux sur un plat que si leur taille diffère. Les légumes mous, comme la tomate, ne doivent porter aucune empreinte. Mais veillez aussi à ce que le légume soit uniformément mûr et pas abîmé. Parmi les salades, préférez celles qui ont des feuilles dures, comme la radicchio, la frisée, la chicorée et l'iceberg. Même après un long séjour à la chaleur, ces salades restent croquantes et ne flétrissent pas aussi vite que les autres. Vous trouverez des conseils pour différentes sortes de légumes aux pages 26 et 44 ainsi qu'un calendrier des saisons ci-contre.

Les mêmes critères de qualité valent pour les fruits: des fruits entièrement mûrs, de taille égale, non talés. Les fruits doivent toujours être mûrs, mais pas trop cependant, et garder une consistance ferme. Vous trouverez des conseils à propos des différentes sortes de fruits aux pages 56 et 64 ainsi qu'un calendrier des saisons ci-contre.

Désormais, on peut acheter tout au long de l'année (à quelques exceptions près) des fruits et légumes frais. Cependant, la saison où on achète les fruits et légumes joue un rôle important dans le prix, la qualité et le goût. Si vous achetez des fruits ou des légumes comme garniture, vous pouvez alors les choisir d'après deux critères différents: soit vous les choisissez à une saison où ils sont abondants sur le marché et donc à un prix intéressant, soit parce qu'ils ont à ce moment-là le meilleur goût. Le deuxième point de vue vaut surtout pour les légumes nouveaux.

Dans le calendrier des saisons ci-contre, vous trouverez les mois où fruits et légumes sont les meilleurs.

Calendrier des saisons pour légumes et fruits

Légumes et salades

Artichauts	Mai-Août
Asperges	Avril-Juin
Aubergines	Juin-Août
Betteraves rouges	Septembre-Novembre
Brocoli	Juin-Novembre
Carottes	Juin-Novembre
Céleri en branches	Mai-Septembre
Céleri-rave	Octobre-Janvier
Champignons	Toute l'année (champignons de culture)
Chicorée	Mai-Juin
Chou-fleur	Septembre-Novembre
Chou-rave	Mai-Juillet
Concombre	Juin-Août
Courge	Juillet-Octobre
Courgettes	Mai-Juillet
Endives	Septembre-Janvier
Haricots verts	Juillet-Août
Mâche	Octobre-Novembre
Oignons	Juin-Août
Petits pois	Mai-Juin
Poireaux	Août-Novembre
Poivrons	Juin-Novembre
Pommes de terre	Juin-Septembre
Radis noirs	Avril-Octobre
Radis roses	Février-Avril
Raifort	Novembre-Février
Tomates	Août-Octobre
Truffes	Décembre-Janvier

Fruits

Agrumes (Oranges-citrons)	Décembre-Mars
Airelles	Septembre
Cerises	Mai-Juin
Châtaignes	Septembre-Novembre
Dattes	Août-Septembre
Figues	Juillet-Août
Fraises	Mai-Juin
Framboises	Juin-Août
Fruits exotiques	Presque toute l'année, la qualité diffère selon la provenance et la saison
Groseilles	Juin-Juillet
Mandarines	Décembre-Mars
Melons	Juin-Septembre
Mûres sauvages	Juillet-Août
Myrtilles	Juillet-Septembre
Pêches	Juillet-Août
Poires	Août-Octobre
Pommes	Septembre-Décembre
Prunes	Août-Octobre
Raisins	Septembre-Octobre
Rhubarbe	Mars-Mai

1

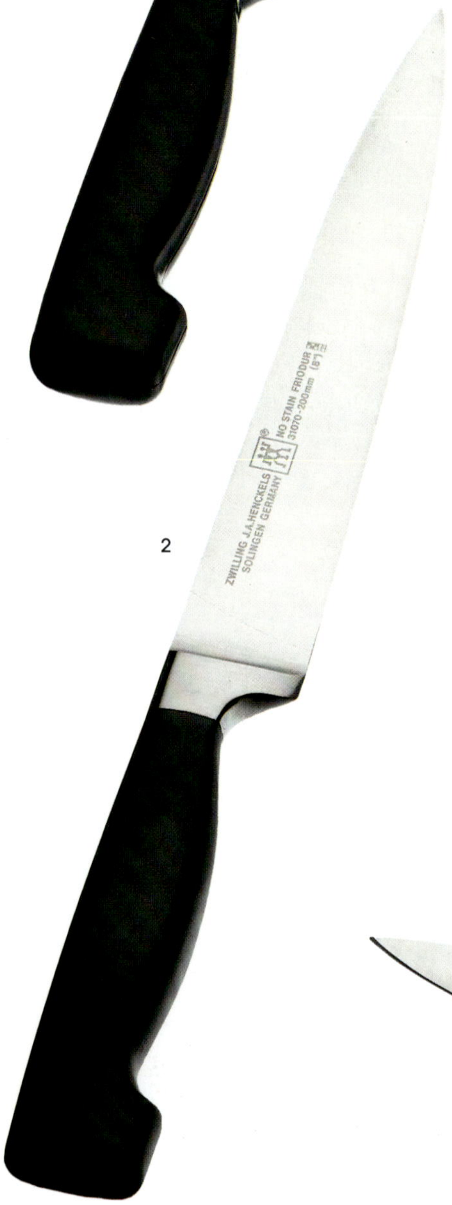

2

Le matériel

En dehors des aliments qui, tant pour leur goût que pour leur qualité, requièrent la plus grande exigence, un matériel adéquat joue un rôle important dans la préparation de garnitures. Certains ustensiles sont disponibles dans pratiquement tous les foyers, comme, par exemple, marmites, saladiers, jattes, ciseaux, passoires, râpes carrées, couteaux à émincer les légumes, pinceaux pour gâteaux et différentes planches à découper. Pour certaines garnitures ou techniques de fabrication, on a besoin, en plus, d'ustensiles particuliers, qui sont présentés ci-dessous. On les trouve dans les bons magasins pour articles de maison.

Couteaux, éplucheurs et cuillères

Vous possédez déjà, à coup sûr, divers couteaux. Si, toutefois, vous désirez en acheter un nouveau, veillez bien à ce que la lame soit en acier trempé inoxydable. Le manche doit bien tenir dans la main, il peut être en plastique ou en bois.
Les éplucheurs doivent absolument être en acier inoxydable, sinon ils rouillent très vite et s'émoussent.
Vous avez certainement aussi de petites et de grandes cuillères. Pour travailler les aliments, n'utilisez jamais de cuillères en argent, car elles peuvent parfois faire changer la couleur des légumes ou des fruits. De même, les cuillères en plastique sont peu pratiques, car elles se cassent facilement.
Couteau à trancher (1) pour les gros fruits, comme l'ananas, ou une courge.
Couteau de cuisine ou petit couteau à trancher (2) pour couper concombres et courgettes, quartiers d'agrumes, éplucher des fruits assez gros, couper les légumes à racines et à bulbes, couper le chocolat de couverture.
Petit couteau de cuisine (3) pour éplucher et nettoyer légumes à racines et à bulbes, évider des poivrons, éplucher des oranges, décorer fruits et légumes.
Couteau cranté (4) pour découpes décoratives (en vagues) sur des carottes, des concombres, du beurre et du fromage.
Couteau à canneler (5) pour retirer des rubans de peau ou de chair sur, par exemple, des concombres, des agrumes, des radis roses et des carottes.

7

6

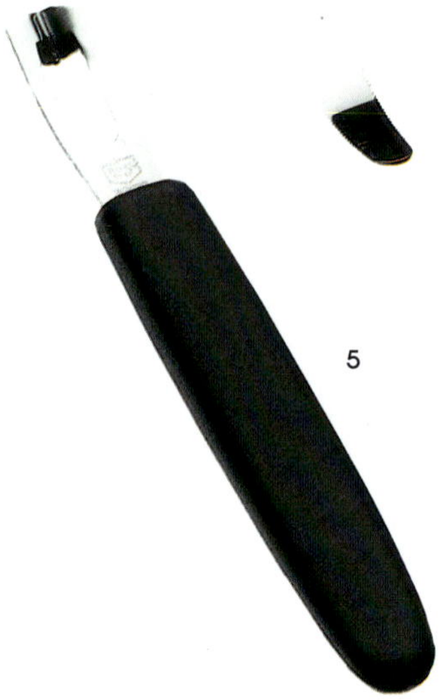

5

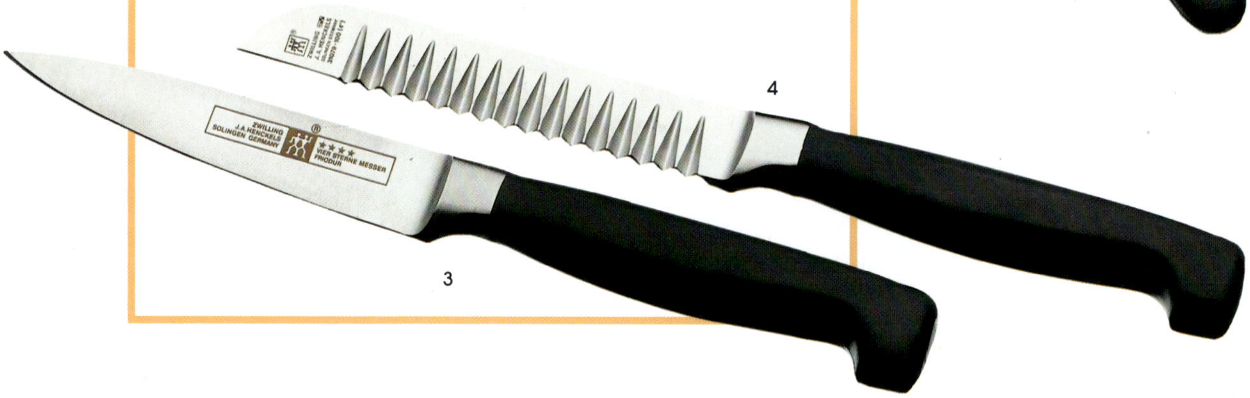

4

3

Couteau à pamplemousse (6) pour détacher la chair d'un pamplemousse ou d'un ananas ou bien encore pour détacher la chair d'une écorce de melon.
Econome (7) pour éplucher les asperges et le céleri-rave, mais aussi les fruits à pépins, les pommes de terre, les kiwis et les avocats.
Cuillère à café pour ôter les pépins d'un melon ou d'une tomate, enlever le "foin" d'un fond d'artichaut.
Cuillère à soupe pour détacher la chair d'un ananas, pour emplir des timbales de légumes.

Emporte-pièce

A ce groupe appartiennent tous les ustensiles qui permettent de modifier la forme des aliments. A l'aide d'évideurs, on peut, par exemple, ôter les trognons de fruits à pépins, prélever des boules de même taille dans la chair des fruits ou découper des cœurs ou des fleurs. On les trouve dans les magasins spécialisés en articles pour la maison ou dans les rayons d'articles de maison des grands magasins.
Cuillère à boules (8) pour prélever des boules assez grosses ou des demi-boules dans le melon, sur les carottes, les concombres, la courge ou le beurre, pour évider une tomate-cerise.
Cuillère à perles (9) pour prélever de minuscules boules, par exemple sur des carottes, du melon, du céleri.
Cuillère ovale (10) pour prélever des morceaux de légumes de forme ovale.
Evideur de pommes (11) pour ôter le trognon de pommes entières, pour confectionner des champignons de pommes de terre.
Emporte-pièce ronds, à bords lisses ou crantés (12): petits et lisses pour découper le cœur des tranches d'ananas ou celui des tranches de pommes. Grands, lisses ou crantés pour enlever la peau de tranches de fruits, comme la pomme ou l'ananas, pour découper la chair des tranches d'agrumes, pour découper des cercles de pain ou de beurre.
Petits emporte-pièce de formes variées (13) pour découper des petits motifs dans des morceaux de légumes à racines ou bulbes, dans le poivron, du blanc d'œuf cuit, de la gelée, du beurre, de la pâte d'amandes ou du chocolat de couverture.

8
9
10
11

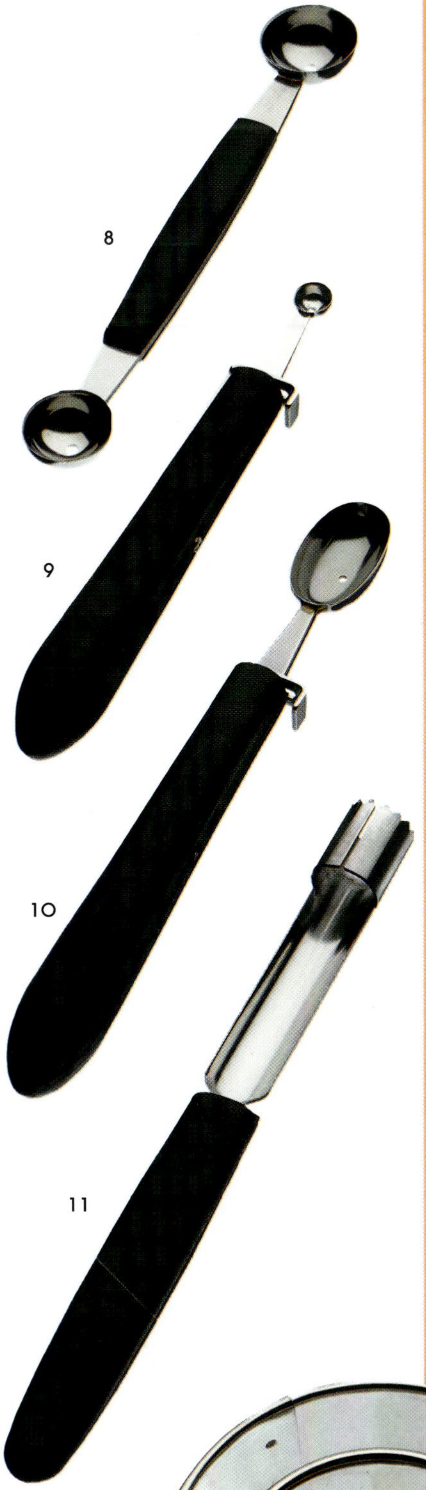

13

12

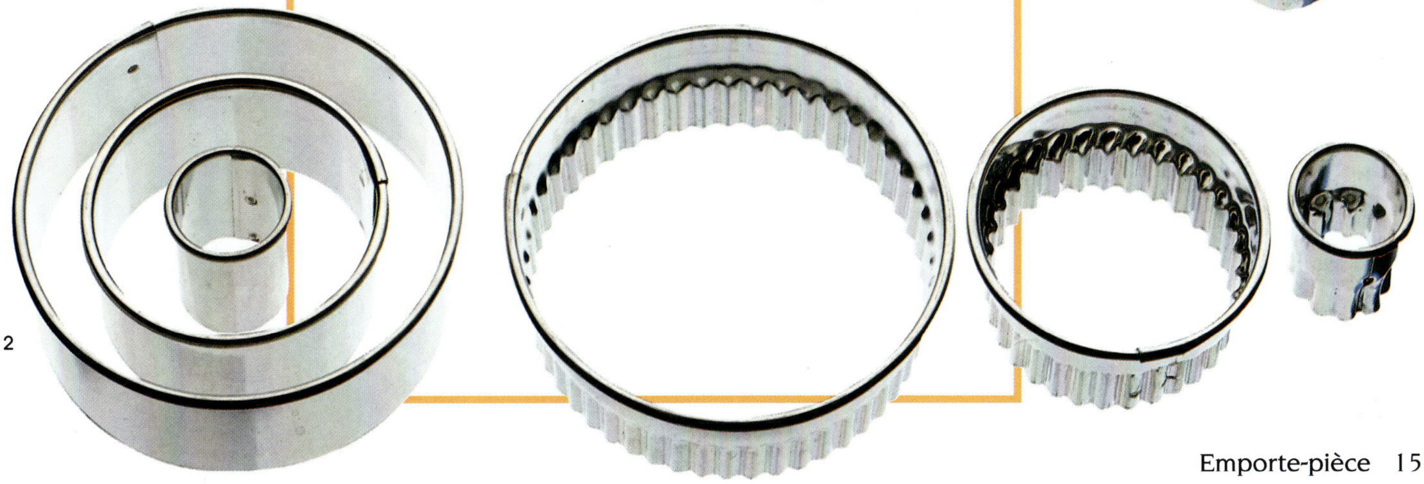

Ustensiles spéciaux

Voici quelques ustensiles radicalement différents, qui ne servent, le plus souvent, que pour quelques garnitures, aliments ou certains procédés de fabrication.
Ustensile pour couper les œufs en tranches (1) fines (rondes ou ovales) et faire de petits cubes d'œufs.
Ustensile pour couper les œufs en six (2).
Ustensile pour partager les pommes (3) en quartiers égaux et ôter le trognon en même temps.
Poche en toile (4) à douilles diverses pour confectionner des garnitures dans différents ingrédients comme la pâte à choux, la crème au beurre, la crème fraîche, le beurre ou toutes sortes de crèmes. On obtient des formes différentes selon la douille.
Douille à trou (5) pour les formes lisses, **douille en étoile** (6) pour les formes crantées, **douille plate** (7) pour rubans larges (rose de beurre par exemple).
Girolle (8) pour confectionner de petites "fleurs" de fromage finement rabotées.
Ustensile pour gaufrer des garnitures de beurre (9).
Ustensile pour découper le beurre (10), à plusieurs fonctions: couper le beurre, y prélever des boules et faire de petits rouleaux.
Découpeur de raifort (11) pour confectionner de grandes spirales dans le raifort ou les courgettes.
Diverses spatules de bois ou métal (12) pour modeler des formes dans la pâte d'amandes.
Rabots spéciaux, par exemple pour des lamelles de légumes très fines; ils peuvent s'acheter dans des magasins spécialisés.

4

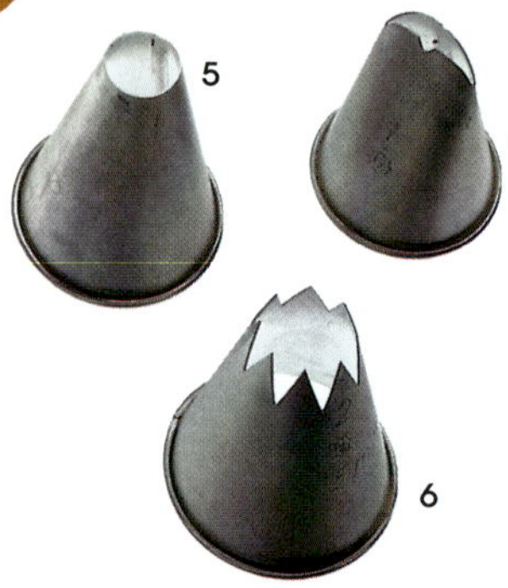
5 7 6

1

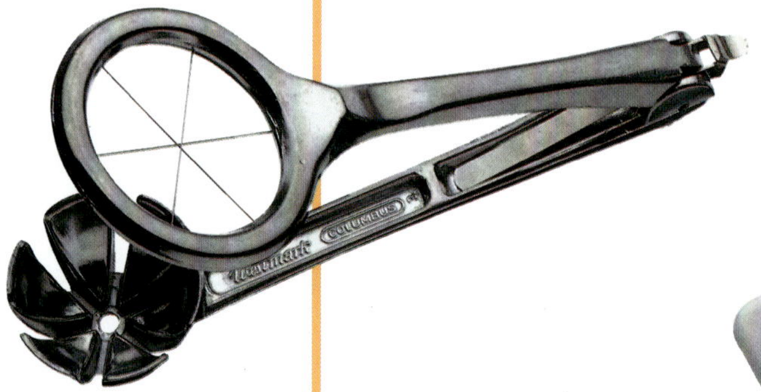
2

3

La vaisselle

Il est aisé de prévoir la vaisselle nécessaire, quand on prépare un repas pour un petit cercle de personnes. On compte une assiette par invité et par plat avec le couvert correspondant. On prépare, de même, pour chaque invité le verre qui convient à chaque type de boisson.
Pour un buffet, les prévisions sont déjà plus difficiles. D'expérience, on devrait préparer trois assiettes et une assiette à dessert par invité et un nombre correspondant de couverts. Pour les verres, un verre par invité et par type de boisson suffit. En plus des couverts pour manger, il faut aussi, lors d'un buffet, différents couverts de service. Pour les salades, un couvert à salade ou une cuillère et une fourchette; pour les plats de viande ou de poisson, cuillères et fourchettes; pour les plats de charcuterie ou de viande en tranches, une fourchette à viande; pour les sauces, une cuillère à sauce ou une grande cuillère à soupe; pour le fromage en portions, une fourchette, pour le fromage entier, un couteau à fromage.

9

10

Les matériaux

Les plats, assiettes et autres devraient toujours être d'un matériau agréable ou convenable pour les aliments. C'est le cas, quand la surface est lisse et facile à nettoyer. Les matériaux suivants sont à considérer en détail:
Le métal: les plats en argent ou métal argenté sont souvent emplis d'une couche mince de gelée pour la protection de leur surface (voir page 91). Si l'on veut disposer du poisson ou des œufs sur de l'argent, un miroir de gelée est indispensable, car ces aliments font changer la couleur de l'argent, et leur goût est transformé s'ils sont en contact direct avec le métal précieux. En plus de la vaisselle en argent ou métal argenté, on utilise volontiers des marmites et des poêles en cuivre.
Le bois: la vaisselle en bois, assiettes, coupes, plats ou planches doit être utilisée sous une forme travaillée (poncée, polie, laquée).
La vannerie: il existe des corbeilles de différentes tailles et formes, laquées en couleur ou au naturel. On s'en sert, en général, pour le pain ou les fruits.

11

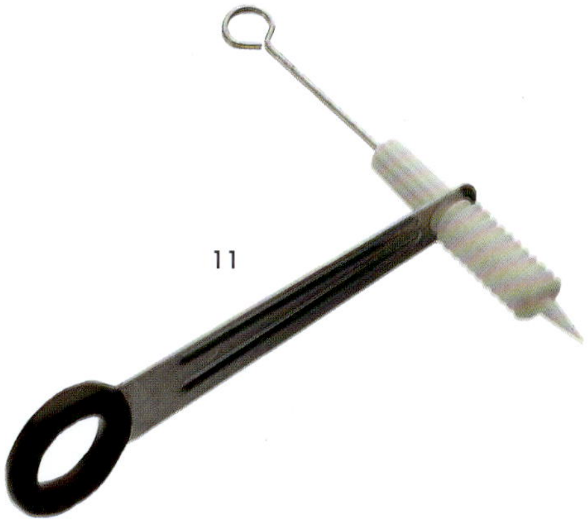

8

12

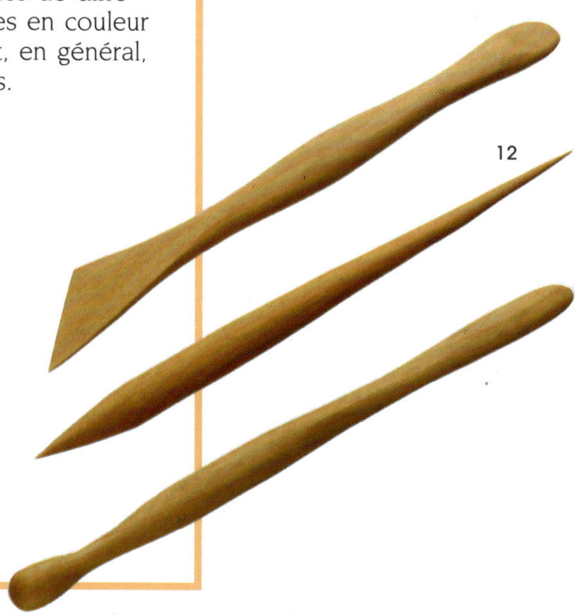

La pierre: la vaisselle en marbre est la préférée, car elle confère un air de fête au buffet. Le plus souvent, la vaisselle de pierre est poncée et polie, mais peut aussi parfois être utilisée à l'état brut.
La porcelaine, la faïence et la céramique: la porcelaine dure ou tendre est également appropriée pour servir. Elle est proposée sous plusieurs formes et avec les motifs les plus variés; en général, elle est très claire. Mais la porcelaine vitrifiée, plus colorée, composée en fait d'émail, trouve aussi son utilisation. La faïence et la céramique sont souvent plus colorées que la porcelaine et ont fréquemment des motifs aux couleurs vives.
Le verre: la vaisselle en verre et en cristal existe sous forme de plats, assiettes, coupes et verres en différentes couleurs.

Pour bien choisir la vaisselle, il faut se laisser guider par le type de nourriture et de buffet envisagé. Trop de couleurs différentes nuisent à l'harmonie d'un buffet; des motifs par trop surprenants sur la vaisselle atténuent l'effet de présentation des aliments. L'idéal est de marier couleurs, formes et matériaux de la vaisselle aux aliments et si possible d'agrémenter le buffet par le reste de la décoration. Pour une occasion ordinaire, on peut utiliser en toute confiance de la vaisselle simple en bois, en pierre, en faïence ou céramique, avec des motifs gais. Par contre, pour un buffet de fête, on doit se limiter, à quelques exceptions près, à de la vaisselle d'argent et à de la vaisselle blanche.

Présentation rectangulaire
en ligne droite

Présentation en ligne droite
avec lucarnes

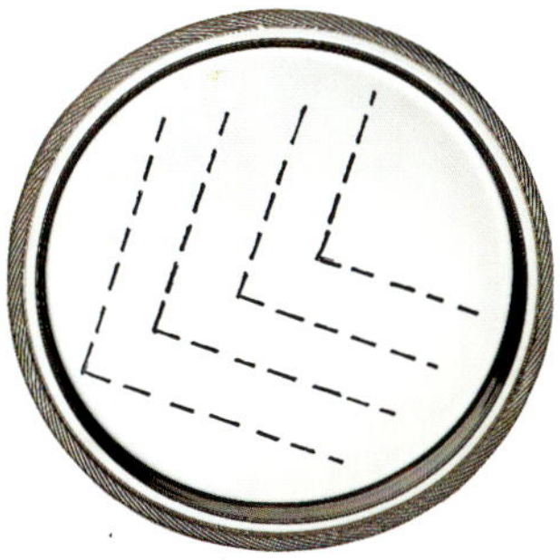

Présentation
en chevrons

Formes et tailles

La forme et la taille des plats de service dépendent du genre et du nombre d'aliments à présenter. Les plats doivent ainsi toujours offrir assez de place aux aliments, car la vaisselle trop abondamment garnie semble surchargée et peu attirante.
Aujourd'hui, on trouve des formes et des tailles de vaisselle variées presque à l'infini.
Assiettes pour les entrées: elles ont souvent un diamètre de 20 à 24 cm. Elles sont rondes ou à quatre côtés, mais aussi à trois ou six côtés.
Assiettes de taille normale pour plats principaux: diamètre entre 26 et 32 cm. Elles sont proposées sous les mêmes formes que les précédentes.
Grandes assiettes pour plats principaux et certaines **assiettes de décoration** très plates ont en général un diamètre entre 32 et 36 cm et sont rondes pour la plupart.
Les saladiers ont une contenance très variable. Les formes sont en général rondes, ovales, carrées ou triangulaires.
Cocottes et saucières ont aussi des formes et des tailles très variées.
Les plats de service ne doivent jamais être trop petits. Ils peuvent être ronds, ovales, carrés ou rectangulaires. Les plats en argent ne doivent pas être choisis trop grands, sinon ils sont trop lourds. Ils sont de facture classique, pour la plupart, et sont proposés avec ou sans poignées.

La disposition sur les plats

La disposition sur les plats se fait d'après les mets et aliments utilisés, mais aussi d'après la forme du plat. Pourtant, il faut veiller, en outre, à ce qui suit:
- Seuls les aliments doivent trouver place sur le plat, car tout doit être mangeable. Il faut donc laisser de côté papier, rubans et autres.
- Il faut que les garnitures se marient au mets principal, car on doit pouvoir consommer les deux ensembles.
- Il doit y avoir sur chaque plat autant de parts que d'invités, tout particulièrement quand les invités sont peu nombreux. Par exemple, pour six personnes, six œufs garnis, six barquettes de tomates, six tranches de rôti.

Vous trouverez sur cette page différentes façons de décorer un plat, qui pourront vous aider. Ces différentes présentations sont valables aussi bien pour des plats ronds qu'ovales et même rectangulaires.

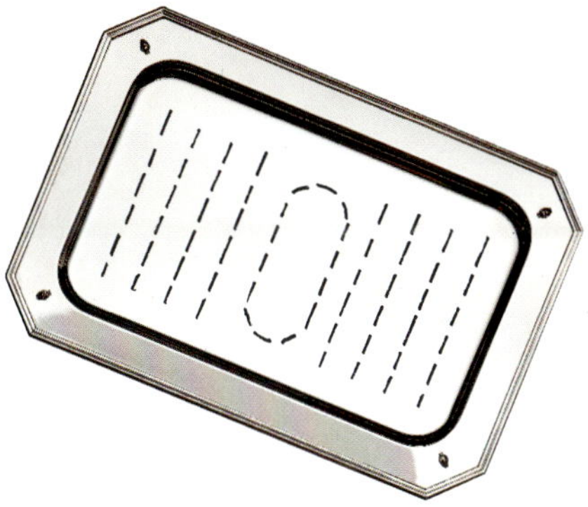

Présentation symétrique
et trouée centrale

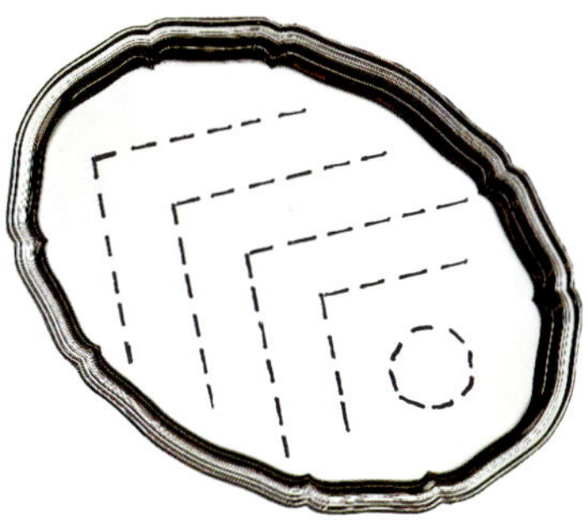

Présentation en chevrons
et trouée dans un coin

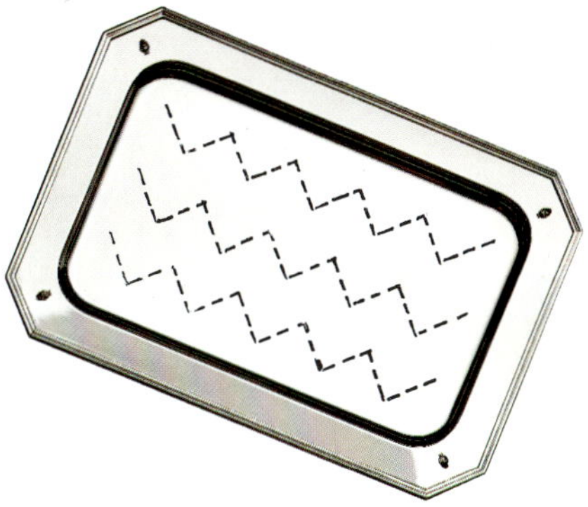

Présentation en
"arêtes de poisson"

Le buffet froid

Organisation et disposition

Pour organiser et disposer un buffet froid, il est important de connaître le nombre d'invités, car il déterminera la quantité de verres, d'assiettes, de couverts et de serviettes à prévoir. Le nombre d'invités est, en plus, décisif pour la quantité de mets proposés ainsi que pour le nombre de coupes, saladiers et plats.
L'espace nécessaire pour installer le buffet dépend, bien sûr, des éléments à y disposer. Un buffet doit toujours offrir beaucoup de place, afin que les mets soient bien mis en valeur et que les invités puissent se servir sans encombre. Pour un grand nombre d'invités, on installe le plus souvent plusieurs buffets semblables. Lors de très grandes fêtes, on répartit même les buffets dans plusieurs pièces.
L'endroit où dresser le buffet dépend de l'espace dont on dispose. Si on a peu de place, le buffet contre le mur convient le mieux. Un buffet au centre d'une pièce est plus facile d'accès, mais prend plus de place. Selon la taille de la pièce et du buffet, les tables peuvent être disposées en angle ou en U (voir dessin à droite).
Un buffet est du plus bel effet, quand il reste de la place pour une jolie décoration (par exemple un bouquet de fleurs). Le bouquet peut alors être disposé sur le buffet de façon symétrique ou bien asymétrique. Si le buffet est contre le mur, la partie centrale près du mur laisse de la place pour une abondante décoration. On peut aussi décorer l'arrière du buffet de manière asymétrique.
A l'avant, il faut renoncer à trop de décoration, car c'est là que serviettes et couverts ont leur place. Les décorations peuvent aussi servir d'éléments de séparation, entre plat principal et dessert, par exemple.
Il faut encore veiller à quelque chose: des décorations particulières, comme des roues de charrette ou des accessoires de chasse, doivent toujours être disposées sur des tables à part, car elles ne doivent pas entrer en contact avec les aliments.
On obtient un effet particulièrement attractif à l'œil, quand les plats sont présentés en étages. Cela donne du mouvement à l'ensemble et on y gagne de la place. Pour installer des niveaux de hauteur différente, on prend des boîtes diverses, que l'on habille ou que l'on recouvre d'une grande nappe. L'important est que les plats y tiennent bien, afin que chaque invité se serve sans problème.

Installation d'un buffet en U

1 = plat décoratif ou plat individuel de poisson ou de viande

2-3-4-5 = au choix, plats de poisson ou de viande ou deux plats chauds sur réchauds

6 = saladiers

7-8-9 = au choix, fromage ou dessert ou les deux

10 = assiette de beurre

11 = assortiment de pains

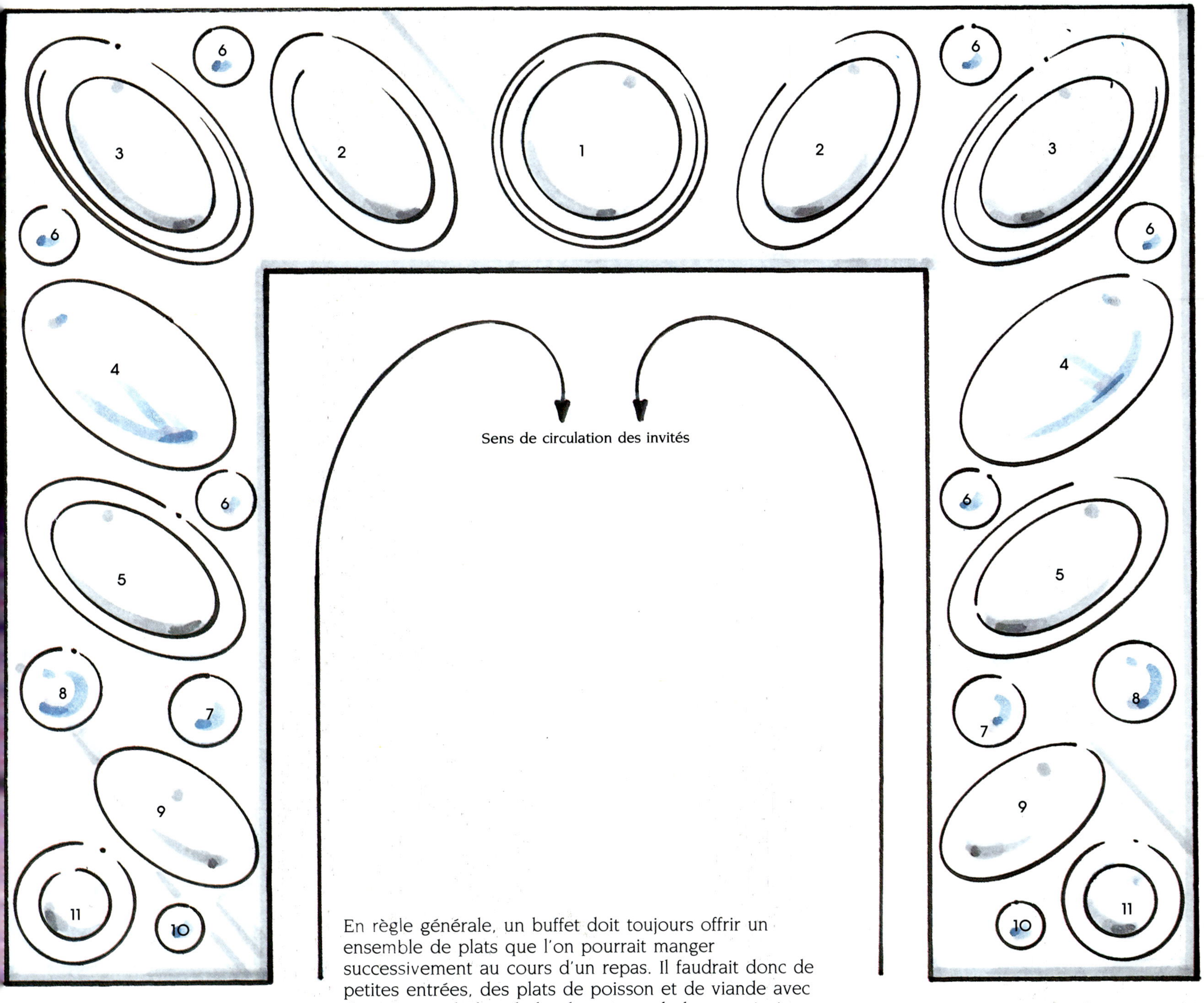

Disposition de la vaisselle, des couverts et des serviettes

En règle générale, un buffet doit toujours offrir un ensemble de plats que l'on pourrait manger successivement au cours d'un repas. Il faudrait donc de petites entrées, des plats de poisson et de viande avec des sauces, de la salade, du pain et du beurre ainsi que du fromage et des desserts

Il faut aussi réfléchir à un type de buffet. Au buffet de fête appartient tout ce que la "bonne cuisine" peut offrir. Le choix des plats dépend du budget que l'on peut consacrer au buffet. Ainsi, dans la tranche de prix supérieure on trouve à côté du filet, des poissons rares, saumon fumé et esturgeon, mais aussi homard et caviar ainsi que terrines et pâtés.

Lors de buffets simples, on sert en général des salades, du rôti ainsi que de la charcuterie. Il existe aussi la possibilité d'instaurer un thème de buffet: "buffet breton", buffet bourguignon" et bien d'autres encore. Mais, peu importe le type de buffet choisi, l'important

Disposition de la vaisselle, des couverts et des serviettes

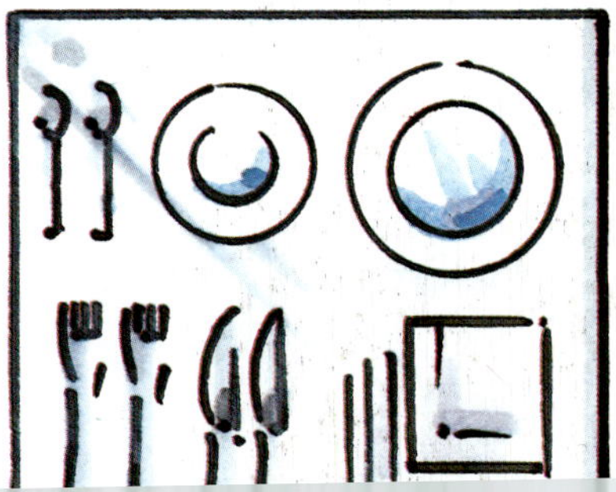

LÉGUMES ET CHAMPIGNONS

Fruits et plantes potagères

Artichaut

Il pousse sur des arbustes semblables au chardon et est originaire des abords de la Méditerranée. Ses feuilles sont vertes et violettes, il mesure de 7 à 13 cm et pèse entre 150 et 500 g. On le conserve de 2 à 3 semaines au réfrigérateur. Mais il faut alors l'envelopper pour éviter qu'il ne se dessèche. La partie la plus précieuse de l'artichaut est le fond, qui est parfait garni. Chez nous, les artichauts sont généralement mangés cuits. Ne jamais les faire cuire dans une casserole en aluminium, sinon ils noircissent.

Aubergine

Ce fruit oblong, parent de la tomate, de la famille des Solanacées vient des régions tropicales et subtropicales. Les aubergines mesurent jusqu'à 30 cm et pèsent jusqu'à 1 kg. Leur chair est spongieuse, claire, voire blanchâtre et n'est pas très bonne crue. Son goût particulier ne se remarque qu'après cuisson. Le fruit est mûr quand la peau s'amollit un peu sous la pression du doigt. On peut conserver l'aubergine au réfrigérateur à 8-10°C, environ dix jours. En garniture, on prend des aubergines crues, qui peuvent être farcies ou servir de supports pour y piquer des brochettes.

Avocat

Il appartient en fait à la famille des fruits, mais est employé en cuisine comme légume, la plupart du temps. L'avocat pèse en moyenne 200 à 400 g, sa peau est épaisse ou fine, lisse ou grumeleuse, selon l'espèce. La chair est d'un jaune qui tend au vert clair. Les avocats sont cueillis avant d'être mûrs et arrivent ainsi sur nos marchés. Ils sont mûrs quand la peau s'amollit sous la pression du doigt. On peut les garder au frais environ une semaine. Une fois évidés, les avocats peuvent être farcis, mais les morceaux d'avocats sont fréquemment utilisés comme garniture. Les avocats en morceaux doivent être immédiatement citronnés, sinon leur chair brunit. Si on les fait chauffer, leur goût devient légèrement amer.

Concombre

Le concombre est aujourd'hui connu dans la plupart des pays, au point qu'on ne connaît plus très bien son origine. Il en existe plusieurs variétés, de différentes tailles. Le meilleur concombre a la chair ferme et un tronçon central mince. En raison de sa consistance et de sa couleur verte, le concombre se prête très bien à toutes sortes de garnitures de fantaisie. On peut également utiliser le cornichon de mille manières, mais il ne doit pas être abîmé.

Courge

Elle existe en différentes tailles, formes et couleurs. Entière, évidée et garnie, elle peut être très décorative sur une table de buffet, par exemple. Une courge mûre sonne légèrement creux, lorsqu'on en tape l'écorce du doigt. La chair, au goût assez neutre, doit être d'un orange brillant et ferme, mais ni fibreuse ni amollie.

Poivron

Dans le commerce, on le trouve en différentes tailles, formes et couleurs (rouge, jaune, vert). La meilleure qualité a une peau ferme, lisse et brillante. Dans le bac à légumes du réfrigérateur on peut garder les poivrons près d'une semaine. En raison de leur mince pellicule de chair à consistance ferme et de leurs belles couleurs brillantes, les poivrons font des garnitures idéales. Ils peuvent être farcis, coupés en lanières ou en rondelles ou piqués sur des brochettes.

Tomate

Elle existe en rouge et en jaune, en différentes variétés, de la tomate-cerise ou tomate cocktail à la tomate oblongue, en passant par la tomate ronde bien connue. La chair contient, selon la variété, plus ou moins de liquide. On peut faire mûrir dans une pièce chaude des tomates pas tout à fait mûres, sans aucun problème. Attention! Les tomates sont très sensibles au froid. Si on les garde au réfrigérateur, elles ont un aspect vitreux et perdent en goût. En raison de leur belle couleur rouge et de leur chair ferme, elles sont parfaites en garniture. On s'en sert volontiers comme petits paniers.

Courgette

Comme bien d'autres cucurbitacées, les courgettes sont le fruit de courges géantes. La chair des courgettes mûres est blanche, voire vert pâle, mais plus ferme et moins juteuse que celle d'un concombre. On peut les conserver environ deux semaines dans le bac à légumes du réfrigérateur. Les courgettes crues s'emploient très bien comme garnitures, par exemple en petites tours ou barques farcies.

Tomate

Evider une tomate cerise
En raison de leur taille minuscule, les tomates cerises sont déjà en soi un gracieux ornement sur une assiette ou un plat. Parmi elles, les plus grosses peuvent servir de mini-corbeilles. Pour ce faire, découper sur le haut un couvercle plat, puis, à l'aide d'une cuillère à boules ou à perles, évider avec soin (1). La corbeille peut alors être emplie de crème avec une poche à douille.

Peler une tomate
Pour ce faire, il faut des tomates bien fermes, sinon la chair se défait quand on pèle la tomate. Couper la partie verte venant de la tige en formant un coin, inciser ensuite légèrement la peau de la tomate à l'opposé. Plonger brièvement la tomate dans de l'eau bouillante, jusqu'à ce que la peau commence à se détacher, puis passer à l'eau froide. La peau peut alors être ôtée très facilement avec un couteau (2). En garniture, on peut utiliser aussi bien des tomates pelées que non pelées.

Evider une tomate
Les tomates évidées sont parfaites pour être farcies. Couper d'abord en deux une tomate non pelée. Puis l'épépiner avec une cuillère à café ou une grande cuillère à boules (3). Pour que les moitiés de tomates soient plus stables, couper droit la voussure, à l'aide d'un couteau (4). Si l'on désire une plus grosse portion de tomate, ne découper qu'un mince couvercle sur le haut et évider le reste de la tomate comme décrit ci-dessus.

Corbeille
Couper et ôter sur le haut de la tomate non pelée deux morceaux (5) afin d'obtenir un petit panier à anse. Epépiner avec une cuillère à café ou à boules. Couper droit le bas de la corbeille, pour qu'elle soit stable, et garnir selon les goûts.

Couronne
Enfoncer en zigzag un petit couteau autour d'une tomate non pelée. Faire tourner les deux moitiés de tomate l'une contre l'autre pour les détacher. Evider les deux moitiés (6) à l'aide d'une cuillère à café et couper droit le bas de chaque moitié, pour qu'elles tiennent bien.

Rondelles de tomate
On peut joliment décorer avec des rondelles de tomate. Pour cela, découper des rondelles de 1 cm d'épaisseur dans une tomate non pelée (7). Les extrémités de la tomate ne sont pas utilisées.

Quartiers de tomate
Ils servent à décorer. Couper d'abord en deux une tomate non pelée, puis couper ensuite chaque moitié en trois quartiers égaux (8).

Rose-tomate
Il faut une tomate ferme. Peler finement la peau avec un couteau très pointu en une spirale de 1,5 cm de large. Rouler ensuite la spirale, serrée, puis plus lâche, en rose (9).

TOMATES A LA CREME DE JAUNES D'ŒUFS

Pour 4 tomates

Pour la crème:

- Jaunes de 4 œufs durs
- 6 c. à s. de beurre amolli
- 1,5 c. à s. d'épinards surgelés hachés et cuisinés
- Un peu de moutarde assez forte
- Sauce Worcestershire
- Poivre noir, sel

En outre:

- 4 tomates moyennes, non pelées

Préparation: env. 20 minutes

1. Passer les jaunes d'œufs au chinois au-dessus d'un saladier. Bien faire égoutter les épinards prêts.
2. Battre le beurre en crème avec un fouet à main. Puis y incorporer les jaunes d'œufs et les épinards et assaisonner cette crème avec la moutarde, la sauce Worcestershire, poivre et sel.

Présentation:
Découper un couvercle sur le haut des tomates et les évider (page précédente). Emplir de crème aux œufs à l'aide d'une poche à douille en étoile.

DEMI-TOMATES A LA GELEE DE CREVETTES

Pour 4 tomates

Pour la gelée:

- 3 feuilles de gélatine blanche
- 125 ml de fond de poisson en bocal
- 125 ml de vin blanc sec
- 1 pincée de sel
- 1 pincée de poivre blanc
- 3 brins d'aneth
- 125 g de crevettes de cocktail

En outre:

- 4 tomates moyennes, non pelées

Préparation: env. 20 minutes
Réfrigération: env. 2 heures

1. Laisser ramollir les feuilles de gélatine environ 10 minutes à l'eau froide. Entre-temps, faire chauffer dans une casserole le fond de poisson avec le vin, un peu de poivre et de sel, mais ne pas faire bouillir.
2. Bien essorer les feuilles de gélatine et la faire dissoudre dans le liquide chaud. Laisser refroidir un peu le tout.
3. Laver l'aneth et le couper finement. L'ajouter à la gelée ainsi que les crevettes.

Présentation:
Couper les tomates en deux dans la longueur et les évider (page 28). Verser la gelée de crevettes encore liquide dans les tomates. Mettre les tomates à refroidir au réfrigérateur environ 2 heures, jusqu'à ce que la gelée prenne.

DEMI-TOMATES A LA CREME D'AVOCAT

Pour 4 tomates

Pour la crème:

- 2 feuilles de gélatine blanche
- ½ avocat (100 g)
- ½ c. à c. de jus de citron
- ½ c. à s. de sherry plutôt sec
- ½ c. à c. d'huile de noix
- 3-4 c. à s. de crème fouettée
- Un peu de raifort finement râpé
- Sel, poivre noir

En outre:

- 4 tomates moyennes, non pelées

Préparation: env. 20 minutes
Réfrigération: env. 2 heures

1. Faire tremper les feuilles de gélatine 10 minutes à l'eau froide. Entre-temps, peler la moitié d'avocat, couper la chair en dés et les réduire en purée.
2. Essorer la gélatine, la faire dissoudre dans 2 cuillères à soupe d'eau chaude. La passer ensuite au chinois dans la purée d'avocat.
3. Ajouter le jus de citron, le sherry et l'huile. Puis incorporer la crème fouettée et assaisonner cette mousse de raifort avec du poivre et du sel.

Présentation:
Découper un couvercle sur le haut des tomates et évider celles-ci. Emplir de crème d'avocat et mettre les tomates environ 2 heures au réfrigérateur pour faire raffermir la crème. Puis partager les tomates verticalement ou les couper en épaisses rondelles.

Demi-tomate à la gelée de crevettes: Préparer les tomates selon la recette de la page 29, disposer chaque moitié de tomate sur une rondelle de concombre coupée au couteau cranté et décorer d'une lune, découpée dans de la peau, et de deux rondelles de poivron.

Rose-tomate sur une feuille: Disposer une rose-tomate sur trois petites feuilles de livèche ou de céleri en branches.

Petite corbeille-tomate farcie: Avec une cuillère à perles, prélever de petites boules de courgette, carotte et chou-rave, les faire blanchir ainsi que quelques pois, les garder croquants et tourner dans un peu de vinaigrette. Emplir la corbeille-tomate, préalablement salée et poivrée et décorer de cosses de pois.

Couronne de tomates farcies: Faire blanchir quelques bouquets de chou-fleur et de brocoli, les garder croquants, les tourner dans une vinaigrette, en emplir la couronne de tomates salées et poivrées et la présenter sur une rondelle de jambon découpée à l'emporte-pièce, de ½ cm d'épaisseur.

Rose-tomate sur canapé: Mélanger à 1 cuillère à café de mayonnaise, de la salade iceberg coupée en très fines lanières, les disposer sur un canapé salé. Poser par-dessus une rose-tomate et garnir de feuilles de radicchio finement ciselées.

Tomate-cerise à la crème au jaune d'œuf: Emplir une tomate-cerise évidée (voir page précédente) de crème au jaune d'œuf et la poser dans un demi-œuf de caille évidé, coupé droit à sa base. Prélever une perle de carotte avec une cuillère spéciale, la faire blanchir et la disposer sur la crème avec quelques feuilles de cerfeuil.

Corbeille-tomate farcie

Demi-tomate à la gelée de crevettes

Couronne de tomates farcies

Rose-tomate sur canapé

Rose-tomate sur feuille

Tomate-cerise à la crème de jaune d'œuf

Tomate-cerise jaune avec olive: Garnir d'une olive verte ou noire une tomate-cerise évidée. Poser la tomate sur une rondelle de cœur de palmier épaisse.

Papillon-tomate: Confectionner un papillon à l'aide de deux quartiers de tomates pelées, deux brins de ciboulette, de découpes de cosses de pois, de petits morceaux d'olive ainsi que d'un cornichon en éventail.

Bouton de tomate: Inciser la peau d'un quartier de tomate en V sur 2 cm et la détacher de la chair. Recouvrir la chair sans peau de feuilles d'épinard blanchies et assaisonnées.

Tomate farcie: Découper un couvercle sur une tomate, évider la tomate et la farcir entièrement de crème au jaune d'œuf (page 29). Découper un quartier sur un côté de la tomate et le poser à côté. Garnir la tomate de perles de légumes.

Tomate-fleur: Former une fleur avec 8 quartiers de tomates pelés et 8 feuilles de persil plat. Garnir les quartiers de tomate avec des ovales d'olives et poser au centre de la fleur une tête de champignon cannelée (page 52).

Ornement en rondelles de tomates: Préparer les tomates avec de la crème d'avocat selon la recette de la page 29, les couper en rondelles de 1 cm d'épaisseur. Disposer les rondelles par trois en les faisant se chevaucher un peu. Placer au centre une rondelle de truffe et un cerneau de noix par-dessus.

Poivron

Nettoyer le poivron
Laver le poivron et sur le haut, découper un chapeau d'environ 3 cm d'épaisseur (1) et couper les cloisons blanches avec un petit couteau. Puis épépiner en lavant l'intérieur.

Poivron-timbale
Nettoyer le poivron comme ci-dessus et couper éventuellement un peu la base (2) mais pas trop pour que le poivron reste encore fermé en dessous. Garnir la timbale selon les goûts.

Poivron-coupe
Couper un poivron en deux dans la longueur (3), nettoyer et couper la tige. Couper éventuellement aussi la base, puis garnir selon les goûts.

Découpes de poivron
Nettoyer un poivron comme indiqué ci-dessus et le couper dans la longueur en lanières de 2 cm de large. Découper dans ces lanières de jolies formes à l'aide d'un emporte-pièce, en appuyant fort (4). Se servir de ces découpes comme ornements.

Anneaux de poivrons farcis

Pour 10 couronnes de poivrons

Pour la salade:

130 g de riz à grain rond

Sel

150 g de petits pois surgelés

100 g de champignons de Paris

75 g de jambon cuit à l'os

Un peu de jus de citron

1 c. à s. d'huile de noix

4 c. à s. de mayonnaise

Poivre

En outre:

10 poivrons rouges ou verts

10 cerneaux de noix

Préparation: env. 40 minutes

COURONNE DE POIVRONS ET SALADE DE RIZ

1. Faire cuire le riz environ 20 minutes dans un grand volume d'eau salée; il doit rester ferme. Puis le rafraîchir, l'égoutter et le laisser refroidir.
2. Entre-temps, faire cuire les petits pois d'après les indications de l'emballage. Nettoyer les champignons avec un torchon humide et les couper en dés. Couper aussi le jambon en dés.
3. Mélanger le riz froid avec les petits pois, les champignons et le jambon. Ajouter un peu de citron à l'huile de la mayonnaise et assaisonner la sauce avec sel et poivre. Mélanger la sauce aux ingrédients de la salade.

Présentation:
Découper en zigzag un chapeau sur le haut des poivrons (voir "couronne de tomate" page 28), les nettoyer et éventuellement couper la base. Emplir les poivrons de salade et décorer chaque poivron d'un cerneau de noix. On peut remplacer les noix par des pointes d'asperges, du jambon cuit roulé ou des têtes de champignons cannelés (page 52).

Anneaux de poivron farcis: Préparer la crème d'avocat selon la recette de la page 29. Nettoyer deux poivrons rouges, les remplir de crème et les mettre au frais 2 heures. Couper ensuite les poivrons en rondelles de 1 cm d'épaisseur. Disposer les rondelles pour qu'elles se chevauchent. Sur chacune déposer une petite rose de saumon fumé coupé très fin et un brin d'aneth.

Poivron-coupe garni: Tourner 2 cuillères à soupe de grains de maïs avec 2 cuillères à soupe de haricots rouges dans un peu de vinaigrette et en emplir un poivron-coupe. Couper en deux dans la longueur un petit épi de maïs en bocal et en garnir la salade. Ajouter des lanières de tomates pelées.

Couronne de poivrons et salade de riz

Poivron-coupe garni

Aubergine

AUBERGINE DEGUISEE EN HERISSON

Pour un hérisson:

50 g d'édam (tranche de 1,5 cm d'épaisseur)

50 g de tilsit (tranche de 1,5 cm d'épaisseur)

50 g de gruyère (tranche de 1,5 cm d'épaisseur)

50 g d'emmenthal (tranche de 1,5 cm d'épaisseur)

6 petites tranches fines de salami

3 petits épis de maïs en bocal

6 grains de raisin noir

6 grains de raisin blanc

½ aubergine (coupée en deux dans la longueur)

6 tomates-cerises

3 piments pili-pili en bocal

6 quartiers de mandarine

6 couronnes ou nénuphars de radis roses (page 48)

6 olives vertes farcies

Piques en bois

Préparation: env. 30 minutes

1. Couper toutes les tranches de fromage en dés de 1,5 cm. Faire de petits cornets de salami.
2. Couper l'épi de maïs en long. Laver les grains de raisin et les tomates-cerises. Poser la moitié d'aubergine sur un plat (la tranche contre le plat).
3. Enfiler sur chaque pique de bois un dé de fromage et un autre des ingrédients et piquer dans l'aubergine.

TRANCHES D'AVOCAT A LA CREME DE SAUMON FUME

Pour env. 20 tranches d'avocat

Pour la crème:

4 feuilles de gélatine blanche

150 g de saumon fumé

3 c. à s. de crème fraîche

3 c. à s. de jus de betterave rouge

Sel, poivre noir

4 c. à s. de bouillon de viande chaud

80 g de crème fouettée

En outre:

2 avocats mûrs

Préparation:
env. 30 minutes
Réfrigération:
env. 2 heures

1. Faire tremper la gélatine environ 10 minutes à l'eau froide. Entre-temps, couper grossièrement le saumon en dés et le réduire en purée au mixer (vitesse basse) avec la crème fraîche. Passer cette purée au chinois à mailles fines, la battre avec le jus de betterave rouge, saler et poivrer.
2. Bien essorer la gélatine et la dissoudre dans le bouillon de viande chaud, puis l'ajouter au saumon. Remuer la crème jusqu'à ce qu'elle refroidisse et commence à prendre en gelée. Y ajouter alors un quart de la crème fouettée en la remuant bien, puis incorporer le reste avec précaution.
3. Couper les avocats dans le sens de la longueur et ôter les noyaux. Eplucher les avocats et les évider un peu avec une cuillère en plastique. Les remplir de crème au saumon, bien aplanir la surface et mettre les avocats 2 heures environ au réfrigérateur, jusqu'à ce que la crème soit dure.

Présentation:
Couper les avocats en quartiers ou en tranches. Les décorer de légumes coupés à l'emporte-pièce.

Couper l'avocat en deux et ôter le noyau
Entailler un avocat avec un grand couteau, dans le sens de la longueur, jusqu'au noyau. Faire tourner les 2 moitiés l'une contre l'autre pour partager le fruit en deux. Détacher le noyau à l'aide d'un couteau. Arroser d'un peu de jus de citron les 2 moitiés, afin que la chair ne se colore pas. (Si on ne compte pas utiliser les 2 moitiés tout de suite, il ne faut pas ôter le noyau).

Eventail d'avocat: Entailler une moitié d'avocat pelée en "peigne", puis avec le plat de la main appuyer légèrement sur l'éventail pour qu'il se déploie (voir aussi "éventail de poire" page 62). Entre les "feuilles" de l'éventail, disposer des "hérissons" de pousses de bambou et des ronds de poivron découpés.

Ornement d'avocat: Couper une moitié d'avocat non pelée en triangles (voir "triangles de concombre" page 42). A la pointe du triangle, inciser la peau en V et découper. Orner le reste du triangle avec une pointe d'asperge, le triangle de peau découpée et un morceau de tomate pelé.

Tranches d'avocat à la crème de jaunes d'œufs: Remplir les avocats de crème de jaunes d'œufs (voir page 29) et les couper en tranches.

Tranches d'avocat à la crème de jaune d'œuf

Ornement d'avocat

ranches d'avocat à

Artichaut

Préparer et faire cuire l'artichaut
Couper le pied d'artichaut sur le rebord d'une table (1), couper la base de l'artichaut et raccourcir les pointes des feuilles avec des ciseaux. Attacher avec du fil de cuisine, aux deux extrémités de l'artichaut, une épaisse tranche de citron (2). Ainsi l'artichaut conserve sa couleur pendant la cuisson. Le faire cuire ensuite dans un grand volume d'eau salée et citronnée, près de 25 minutes, jusqu'à ce que les feuilles se détachent aisément. Faire égoutter la tête en bas.

Le fond d'artichaut
Couper le pied d'un artichaut cru, ôter les grosses feuilles extérieures et couper les autres à leur base. Découper un fond d'environ 5 cm d'épaisseur (3) et avec une cuillère à boules ôter avec précaution le "foin" (4). Couper le socle, arroser de jus de citron et faire cuire comme indiqué ci-dessus.

Artichaut-saladier
Découper sur un artichaut cuit un petit chapeau, sur le haut (5). A l'intérieur, ôter quelques rangées de feuilles dans le bas ainsi que le foin.

Fond d'artichaut à la mousse de jambon: Préparer la garniture d'après la recette de la page suivante. Laver 2 petits piments frais, un rouge et un vert, couper les pointes et ôter les pépins. Entailler les piments tout autour avec des ciseaux de cuisine jusqu'à la tige et les tremper dans l'eau froide pour qu'ils s'ouvrent en "boutons". Les piquer alors dans la mousse de jambon.

Fond d'artichaut sur lit de feuilles: Prélever quelques grosses feuilles sur un artichaut, les faire cuire et les disposer de façon asymétrique autour d'un fond d'artichaut, décoré de petites feuilles de frisée. Couper en dés un petit morceau de truite fumée, les mélanger à $\frac{1}{2}$ cuillère à café d'airelles en bocal, $\frac{1}{2}$ cuillère à soupe de crème fouettée, une pointe de raifort râpé et verser le tout sur la frisée. Décorer d'une lanière de filet de truite, d'un grain de raisin noir et d'un brin d'aneth.

Fond d'artichaut garni: Faire blanchir un bouquet de brocoli et environ 12 boulettes de carotte (page 46) pour un fond d'artichaut et en garnir le fond.

Artichaut-saladier à la farce de mozzarella

Pour 4 artichauts

Pour la farce:

- 1 œuf dur
- 100 g de mozzarella
- 1 tomate
- 1 c. à s. de vinaigre de vin blanc
- ½ c. à c. de jus de citron
- 2 c. à s. d'eau de cuisson des artichauts
- 3 c. à s. d'huile d'olive
- Sel, poivre noir
- 1 c. à c. de citronnelle hachée
- 1 c. à c. de ciboulette coupée
- 1 c. à c. de feuilles d'estragon

En outre:

- 4 artichauts-saladiers cuits
- 8 fleurs de capucine ou autres (comestibles)

Préparation: env. ¼ d'heure

ARTICHAUT-SALADIER A LA FARCE DE MOZZARELLA

1. Peler l'œuf et le couper en petits dés ainsi que la mozzarella. Oter la peau de la tomate (page 28), couper la tomate en deux, l'épépiner et la couper en petits dés.
2. Faire une vinaigrette avec le vinaigre, le jus de citron, l'eau de cuisson des artichauts, l'huile ainsi que le sel et le poivre.
3. Tourner les dés d'œuf, de mozzarella et de tomate dans les deux tiers de la vinaigrette.

Présentation:
Emplir l'artichaut de sa farce. Décorer avec les fleurs et arroser le tout du reste de vinaigrette.

FOND D'ARTICHAUT A LA MOUSSE DE JAMBON

Pour 8 fonds d'artichauts

Pour la mousse au jambon:

- 2 feuilles de gélatine blanche
- 250 g de jambon cuit, maigre
- 1 petite tomate
- 6 c. à s. de beurre amolli
- 4 c. à s. de crème double
- Paprika doux en poudre
- 2 c. à s. de bouillon de viande chaud
- 125 g de crème liquide

En outre:

- 8 fonds d'artichauts cuits

Préparation: env. 30 minutes
Réfrigération: env. 2 heures

1. Faire tremper environ 10 minutes les feuilles de gélatine à l'eau froide. Entre-temps, couper le jambon en petits dés et les réduire en purée au mixer. Oter la peau de la tomate (page 28), épépiner et passer aussi au mixer.
2. Battre le beurre en crème avec la purée de jambon et de tomate ainsi que la crème double. Assaisonner avec un peu de paprika.
3. Bien essorer la gélatine et la dissoudre dans le bouillon de viande chaud. Ajouter alors le bouillon à la mousse de jambon et remuer le tout jusqu'à ce que la mousse soit froide.
4. Fouetter la crème liquide. Quand la mousse de jambon prend en gelée, y ajouter la crème fouettée.

Présentation:
A l'aide d'une poche en toile (douille à trou) disposer la mousse sur le fond d'artichaut et mettre au frais 2 heures.

Fond d'artichaut à la mousse de jambon

Fond d'artichaut sur lit de feuilles

Fond d'artichaut garni

Courge

Pour 1 potiron de taille moyenne

Pour la salade:

- 1 poivron vert
- 1 poivron rouge
- ¼ de salade iceberg
- 200 g de fraises
- 2 oranges
- 2 c. à s. de sucre
- 1 c. à c. de vinaigre balsamique (aceto balsamico)
- 1 pincée de moutarde anglaise en poudre
- 1 c. à c. de vin blanc
- 2 c. à s. de jus d'orange
- 3 c. à s. d'huile de tournesol

En outre:

- 1 couronne de potiron
- Quelques feuilles de menthe

Préparation: env. 1 heure

SALADE EPICEE D'ORANGES ET FRAISES SERVIE DANS UN POTIRON

1. Préchauffer le four à 200°C. Couper les poivrons en deux, les vider, les laver et les poser sur la plaque du four (côté de la tranche sur la plaque), jusqu'à ce que leur peau cloque.
2. Eplucher la salade, la laver et la couper en bouchées. Laver les fraises et les couper en deux.
3. Eplucher soigneusement les oranges puis détacher les quartiers (page 74).
4. Sortir les poivrons du four, les couvrir brièvement d'un torchon humide, puis retirer la peau. Couper les poivrons en lanières. Faire fondre le sucre dans une casserole, y faire brièvement revenir les lanières de poivrons, puis laisser refroidir.
5. Arroser les fraises et les quartiers d'oranges de vinaigre. Dissoudre la moutarde en poudre dans le vin, puis y mélanger l'huile et le jus d'orange.
6. Tourner les lanières de poivrons, les quartiers d'oranges, les fraises et la salade dans la marinade.

Présentation:
Remplir le potiron de salade iceberg. Puis décorer avec les lanières de poivrons, les quartiers d'oranges et les fraises. Orner de feuilles de menthe.

Couronne de courge
Entailler la courge en zigzag dans sa partie supérieure jusqu'au centre, avec un grand couteau. Faire tourner les 2 parties l'une contre l'autre et détacher ainsi le couvercle. Oter les pépins à l'aide d'une grande cuillère. Ne pas jeter le couvercle, il peut être reposé sur la courge au moment de servir.

Cochonnet de courge
Dans un morceau de courge cuit à point, ferme (sans peau et épépiné), prélever avec une cuillère à glace une grosse boule et, avec une cuillère à boules, une petite boule. A l'aide d'un cure-dents, réunir les 2 boules pour former un cochonnet. Dans le morceau de courge, découper pour les oreilles 2 petits triangles et les piquer sur la tête du cochonnet avec 2 moitiés de cure-dents. Piquer un petit morceau rond de courge en guise de groin, 2 grains de poivre pour les yeux. Enfoncer dans le groin 2 clous de girofle coupés dans la longueur pour faire les narines. Pour la queue, couper un morceau de courge en spirale et la fixer au corps. Puis poser le cochonnet sur un nid de cresson.

Potiron garni

Cochonnet de courge

Barquette de courgette
Eplucher une courgette avec un économe, la couper en deux dans le sens de la longueur et couper en largeur des tronçons de 7 cm de long. Arrondir un peu les extrémités et couper le dessous pour plus de stabilité. Evider un peu les barquettes avec une cuillère à café, afin que l'on puisse mieux les remplir.

Rosace de courgette
Canneler une petite courgette avec un couteau spécial, la couper ensuite en spirale avec un couteau à raifort (page 48) et enrouler la spirale. Mettre au centre une épaisse rondelle de courgette et y poser une rose-tomate.

Fleur de courgette
Sur une courgette non épluchée, coupée en deux dans la longueur, prélever sur la tranche une fine lamelle. Entailler la lamelle en long, en partant de la peau verte pour former un peigne. Rouler alors la lamelle serrée, attacher solidement une petite pique au côté non entaillé et poser bien droit. Ecarter un peu les pétales.

BARQUETTES DE COURGETTES ET SALADE DE LEGUMES

1. Nettoyer les légumes. Couper la carotte en rondelles de 1 cm d'épaisseur, les haricots verts en tronçons de 3 cm de long. Couper les bouquets de brocoli et de chou-fleur en petits morceaux.
2. Faire blanchir à l'eau bouillante carotte, brocoli et chou-fleur 3 minutes et les haricots 2 minutes. Rafraîchir les légumes et bien les égoutter.
3. Saler et poivrer un peu le vinaigre, ajouter l'huile et les cerneaux de noix. Tourner les légumes dans cette vinaigrette.

Présentation:
Emplir les barquettes de courgettes de salade de légumes.

Pour 4 barquettes de courgettes

Pour la salade:

Carottes, brocoli, haricots verts, chou-fleur: 30 g de chaque

1 c. à s. de vinaigre de vin blanc

Sel

Poivre blanc

2 c. à s. d'huile de noix

4 cerneaux de noix

En outre:

4 barquettes de courgettes

Préparation: env. ¼ d'heure

Barquette de courgette et salade de légumes

Rosace de courgette

Fleur de courgette

Concombre

Corbeille-concombre
Couper en largeur des tronçons de concombre (non épluché) de 5 cm de long. Puis avec un petit couteau faire deux découpes horizontales ainsi que deux verticales à l'aide d'un couteau cranté (1) pour former une corbeille. Creuser un peu la corbeille avec une cuillère à boules (2).

Tourelle de concombre
Canneler un concombre non épluché (page 42) et couper en largeur des tronçons de 4 cm de long. Evider un peu avec une cuillère à boules (3).

Couronne de concombre
Couper des tronçons de concombre non épluché de 8 cm de long. Entailler en zigzag autour de chaque tronçon et séparer chaque moitié par une légère rotation (4).

Barquette de concombre
Couper en deux dans la longueur un concombre non épluché et épépiner avec une cuillère. Couper le concombre en tronçons de 6 cm.

Concombre et pipe de fenouil
Prélever une feuille avec pétiole sur un petit fenouil et la poser (5) sur une rondelle de concombre cannelée (page 42). Avec un couteau, étaler un peu de crème de fromage au poivron (recette page 97, mais remplacer le poivron vert par du rouge) sur le fenouil. Décorer la crème de découpes de poivron (page 32), de boules de concombre (page 42) et autres garnitures.

Frise de concombre
Sur un tronçon de concombre de 6 cm de long, couper dans la longueur une tranche d'environ 1,5 cm d'épaisseur. Couper en biais les deux extrémités. Puis entailler très finement comme un peigne la tranche de concombre (6). Recourber les lanières ainsi formées. On peut aussi ne recourber qu'une lanière sur deux (7).

Fleur de concombre
Couper en six dans le sens de la longueur un concombre non épluché et ôter les pépins. Couper chaque sixième très en biais, en morceaux de 6 cm de long, puis entailler, très en biais, chaque morceau pour faire un peigne (8), ouvrir en fleur (9).

Concombre et pipe de fenouil

Pour env. 10 barquettes

Pour la crème:

- 60 g de roquefort
- 6 c. à s. de beurre amolli
- 125 g de fromage blanc
- Sel
- Poivre noir
- Paprika doux en poudre

En outre:

- Env. 10 barquettes de concombre
- 3-4 olives vertes farcies

Préparation: env. ¼ d'heure

BARQUETTES DE CONCOMBRE ET CREME AU ROQUEFORT

1. Couper le roquefort en dés, le presser dans une passoire, le mélanger au beurre et au fromage blanc égoutté et remuer en crème lisse.
2. Assaisonner la crème avec sel, poivre et paprika.

Présentation:
Avec une poche à douille en trou déposer trois longs rubans de crème sur chaque barquette. Couper les olives en fines lamelles et en décorer la crème.

Corbeille-concombre à la ratatouille: Préparer un paquet de ratatouille surgelée selon les indications sur l'emballage et garnir une corbeille-concombre de 1 à 2 cuillères à café de ratatouille.

Tourelle de concombre à la crème au curry: Pour six tourelles, 2 c. à s. de crème fraîche, 1 c. à s. de mayonnaise, ¼ de c. à c. de condiment à la mangue, quelques dés minuscules de pomme et banane ainsi que ¼ de c. à c. de curry. Mélanger le tout en crème. Déposer la crème sur la tourelle et décorer d'un morceau de homard cuit et de boules de légumes blanchies. Poser sur le dessus une découpe de homard faite dans un aliment quelconque et un brin d'aneth.

Couronne de concombre et rose: Avec une poche à douille, appliquer un peu de fromage frais sur une couronne de concombre et déposer une rose-tomate (page 28) par-dessus. Décorer d'aneth.

Frise de concombre garnie: Dans les boucles d'une frise de concombre, mettre de minuscules morceaux d'une tomate pelée.

Fleur de concombre

Barquette de concombre à la crème de roquefort

Corbeille-concombre à la ratatouille

Tourelle de concombre à la crème curry

Frise de concombre garni

Couronne de concombre et rose

Concombre

Canneler un concombre
Avec un couteau à canneler, prélever de fines lanières dans la peau d'un concombre ferme et non épluché (1).

Rondelles de concombre
Couper un concombre non épluché ou cannelé en fines rondelles (2). Pour des tranches ovales, couper en biais (3). Couper éventuellement encore les tranches en deux.

Triangles de concombre
Couper en deux dans la longueur un concombre non épluché, puis découper dans la largeur de petits triangles (4).

Boules de concombre
Enfoncer une cuillère à boules dans un concombre ferme, épluché ou pas et détacher de petites boules en tournant la cuillère (5).

Eventail de concombre
Couper en deux une rondelle de concombre (non épluché) d'environ 2 cm d'épaisseur. Poser chaque moitié sur la tranche et entailler finement pour former un peigne (6). Etaler les fines lamelles en éventail (7).

Eventail de cornichon
Couper en long, de chaque côté d'un cornichon ferme, une fine lamelle. Puis entailler finement le cornichon en longueur pour former un peigne (8) et avec le plat de la main appuyer légèrement sur l'éventail pour qu'il se déploie (9).

Anneaux de concombre
Evider des rondelles de concombre cannelées, de 1 cm d'épaisseur, avec une cuillère pour former un anneau (10).

Eventail de cornichon aux poivrons

Chaîne de concombre

Poisson de concombre: Eplucher un demi-poivron (page 38) et lui donner la forme d'un poisson sans la queue. Puis disposer un éventail de concombre en guise de nageoire caudale et poser un rond découpé dans un aliment pour faire l'œil.

Chaîne de concombre: Couper en un seul endroit plusieurs anneaux de concombre et les imbriquer pour en faire une chaîne.

Grappe de raisins en concombre: Confectionner une grappe de raisins avec des boules de concombre et de melon de même taille. Découper dans l'épaisseur de la peau d'un concombre des feuilles et les disposer en haut de la grappe.

Décoration de rondelles de concombre et carottes: Découper de grands triangles égaux dans des rondelles de carottes de même taille, blanchies, et des rondelles de concombre non épluchées. Imbriquer un triangle de carotte dans une rondelle de concombre et inversement, et disposer en rang.

Lièvre de concombre: Inciser la peau d'une extrémité d'un concombre en triangle. Puis, passer un couteau sous la peau en partant de la base du triangle et peler ainsi jusqu'à la pointe du triangle. Oter le triangle de peau. Laisser ensuite le lièvre dans l'eau froide jusqu'à ce que les oreilles de peau de concombre se dressent. Pour les yeux, découper 2 trous dans la peau et y enfoncer de petits bouts de carotte. Pour la bouche poser une petite garniture.

Eventail de cornichon aux poivrons: Décorer un éventail de cornichon de découpes de poivron, d'anneaux de pepero-

Légumes à racines, à bulbes et champignons

Carotte

On peut acheter ce légume à racines toute l'année. Si l'on range les carottes au réfrigérateur avec leurs fanes, elles se conservent environ une semaine. Les grosses carottes doivent toujours être épluchées, les carottes nouvelles seulement grattées. Les carottes employées comme garniture ne doivent pas être tordues, leur chair doit être ferme. Comme elles ne ramollissent pas pendant un long séjour à l'air ambiant, elles sont particulièrement adaptées pour les garnitures.

Pomme de terre

Il existe plus de 100 variétés de pommes de terre. Elles se répartissent en groupes "fermes à la cuisson", "particulièrement fermes à la cuisson" ou "farineuses à la cuisson". En garniture, il faut toujours utiliser des pommes de terre qui restent fermes à la cuisson. Il est indispensable de les cuire à l'eau ou au four, car crues, elles noircissent et sont, par ailleurs, impropres à la consommation.

Radis rose

En raison de son rouge brillant et de son croquant, le radis rose est très prisé comme garniture. On doit toujours utiliser des radis très frais et pas abîmés. Les radis se gardent plus longtemps, si l'on coupe de suite la partie feuillue qui les déshydrate et les fait flétrir.

Radis noir

C'est un des plus anciens légumes cultivés. Le radis noir mesure jusqu'à 30 cm de long; il existe en blanc, rouge et noir. Le radis noir frais doit être bien droit, croquant et pas abîmé. On le conserve dans le bac à légumes du réfrigérateur.

Champignons de Paris

Parmi toutes les variétés de champignons qui existent chez nous, le champignon de Paris est presque le seul à pouvoir être utilisé en garniture, car il se garde relativement longtemps. Les bolets s'utilisent aussi en garniture. Les champignons de Paris frais doivent avoir des chapeaux fermés et ne pas être abîmés. Avant de les utiliser, il faut seulement les frotter avec un torchon humide.

Morilles

On les trouve chez nous soit fraîches, soit sèches. Il en existe de nombreuses variétés. Les morilles fraîches doivent être bien lavées, les sèches doivent tremper dans l'eau environ 5 heures avant d'être accommodées. Les morilles ont un goût corsé, épicé et sont parfaites pour la farce.

Canneler une carotte
Nettoyer et éplucher une belle carotte. La faire cuire; elle doit rester croquante, puis la rafraîchir. Faire ensuite de fines lanières avec un couteau à canneler (1).

Rondelles de carotte
Couper en fines rondelles (2) avec un couteau normal ou cranté une carotte épluchée, cannelée et blanchie. Couper les rondelles éventuellement en deux et les poser pour faire des découpes dedans.

Découpes de carotte
Découper à l'emporte-pièce de petits motifs (3) dans des rondelles de carotte blanchies. On peut, en plus, découper le même motif dans du céleri blanchi et l'insérer dans la rondelle de carotte découpée (4).

Boules de carotte
Tourner (en la faisant pivoter sur elle-même avec une pression identique) une cuillère à perles ou à boules dans une carotte crue, épluchée (5). Faire alors blanchir les boules de carotte ainsi prélevées.

Carotte

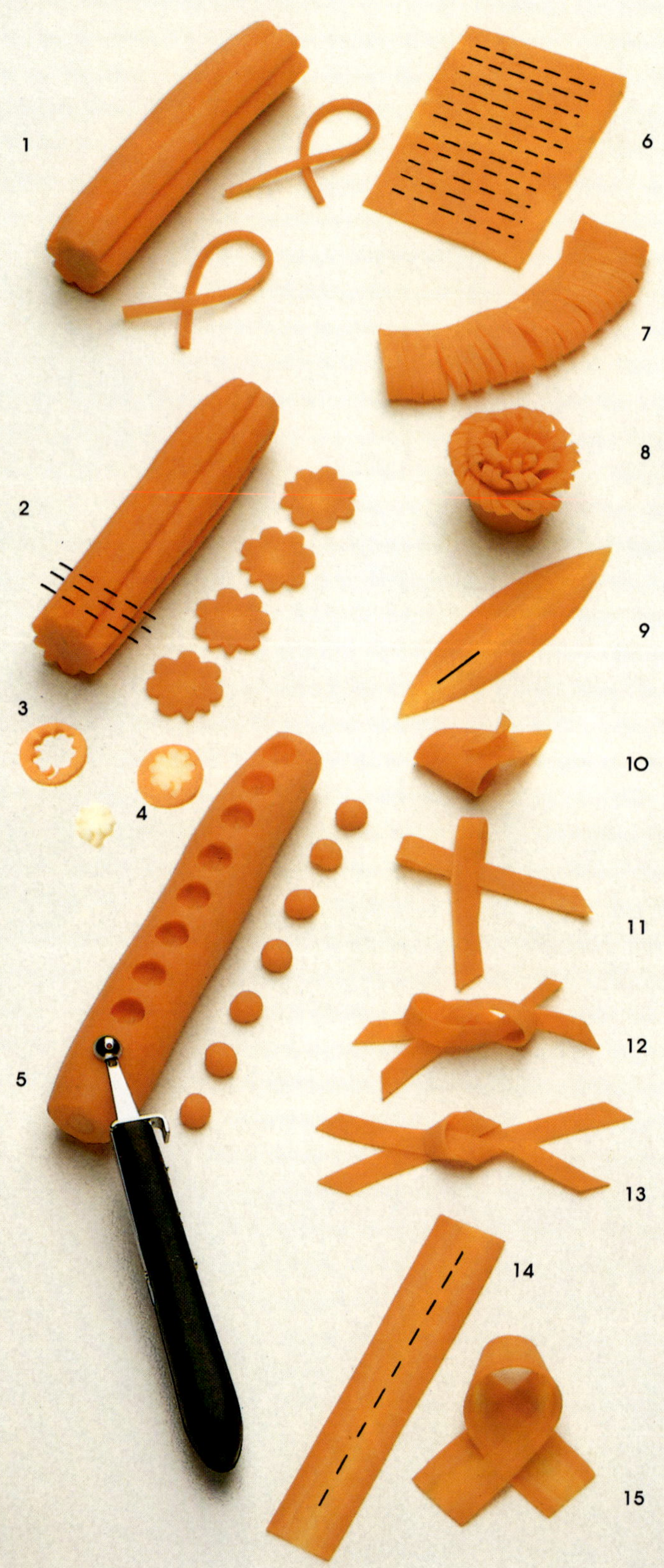

Fleur de carotte
Dans une carotte crue, pelée, de 7 cm de long, éplucher une longue spirale extrêmement fine de 15 cm de long environ. Mettre la spirale à plat et faire au milieu de petites incisions parallèles (6), sans sectionner les côtés. Replier la spirale dans la longueur (7), arrondir en fleur et faire tenir avec une petite pique (8).

Bouton de carotte
Dans un mince ruban de carotte découper une ellipse. Faire une fente à une extrémité (9) et y introduire l'autre extrémité (10).

Cravate de carotte
Faire blanchir, puis rafraîchir et sécher deux très minces et longs rubans de carotte de 1 cm de large. Plier chaque ruban et les emboîter l'un dans l'autre et former ainsi une boucle (11). Tenir les extrémités de la boucle avec les mains. Puis tirer les extrémités d'une boucle dans l'autre (12). Faire le "nœud de cravate" avec précaution, puis couper en biais les 4 extrémités du nœud (13).

Boucle de carotte
Dans une carotte crue, pelée, éplucher un ruban fin. Le faire blanchir, le rafraîchir et le sécher. Au centre, inciser dans la longueur, mais pas jusqu'aux extrémités (14). Faire passer une des extrémités dans la boutonnière (15). Le ruban se courbe de lui-même en spirale. On peut passer le ruban deux fois dans la boutonnière, la boucle n'en est que plus arrondie.

Décoration en découpes de carotte: Composer une décoration de losanges de carotte et de courgette ainsi que de triangles de poivron.

Motif avec boules de carotte: Faire une fleur avec quelques brins de ciboulette, des découpes de céleri, des boules de carotte et de petites feuilles de céleri en branches.

Fleur de carotte sur fond d'artichaut: Poser une fleur de carotte sur un fond d'artichaut (page 36).

Bouclette de carotte sur rondelle de concombre: Poser la bouclette de carotte sur une rondelle de concombre cannelée. Décorer de perles de légumes blanchies.

Nœuds de carotte et courgette: Faire des nœuds dans des rubans de carotte et de courgette blanchis.

Radis rose et radis noir

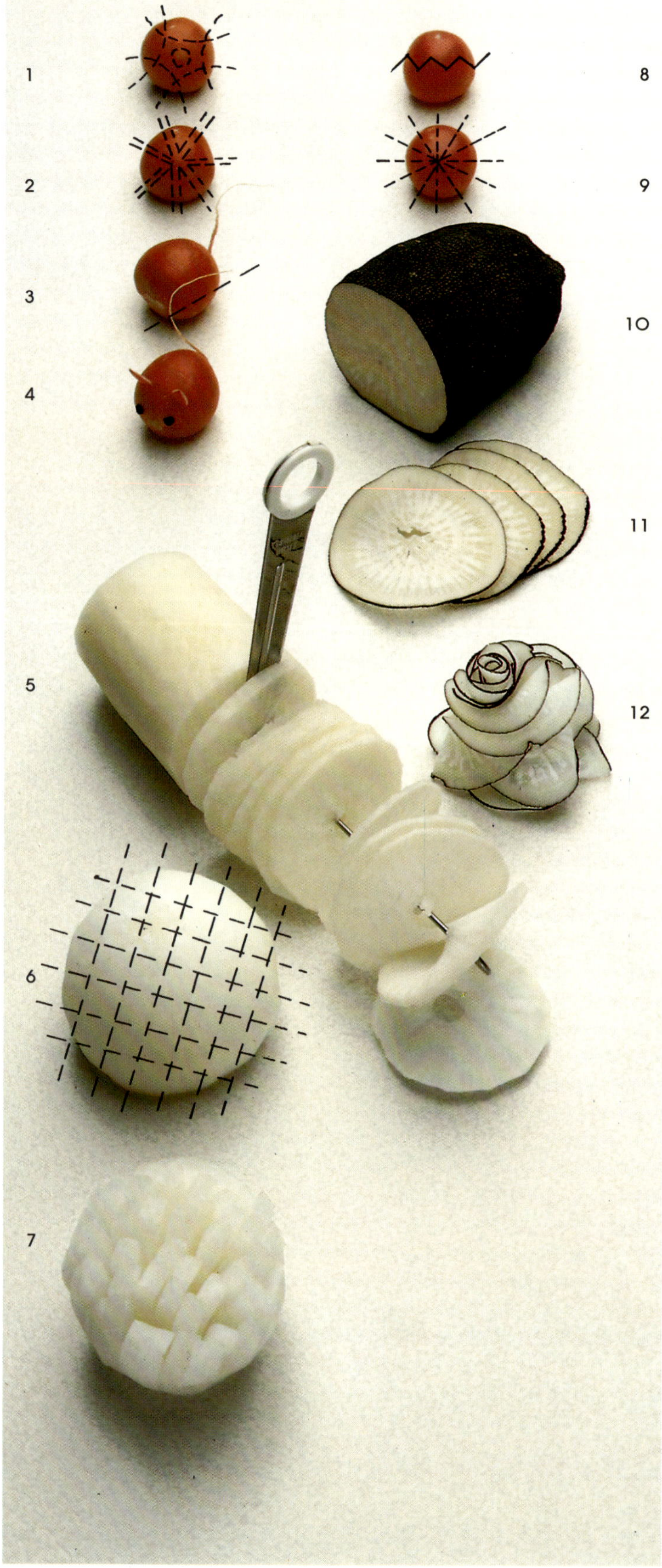

Fleur de radis rose
Entailler en rond un radis rose, cinq fois, en faisant se chevaucher les entailles (1). Couper la racine. Mettre la "fleur" dans l'eau froide jusqu'à ce qu'elle s'ouvre.

Nénuphar de radis rose
Avec un couteau à canneler, éplucher sur un radis rose, du haut vers la base, huit rubans fins (2). Laisser le radis dans l'eau froide jusqu'à ce que le nénuphar s'ouvre.

Souris de radis rose
Couper en long un côté d'un radis avec une longue racine (pour la queue de la souris) (3). A l'opposé de la racine, faire deux entailles dans la largeur et y planter deux petits morceaux de radis en guise d'oreilles. Creuser deux trous pour les yeux et y enfoncer deux clous de girofle (4).

Spirale de radis noir
Couper les deux bouts d'un radis noir épluché. Planter l'aiguille d'un ustensile à couper le raifort dans le radis et découper une spirale (5) en creusant régulièrement. Passer brièvement à l'eau froide pour que la spirale s'ouvre.

Chrysanthème de radis noir
Faire une boule de 6 cm de diamètre dans un gros radis noir et l'aplatir légèrement aux extrémités. Avec un couteau pointu, couper en damier, pas tout à fait jusqu'au bout (6). Puis mettre la boule à l'eau salée, pour qu'elle ramollisse. Ecarter ensuite un peu les petits "pétales" (7). Pour obtenir un chrysanthème jaune, ajouter du safran à l'eau salée.

Couronne de radis rose
Entailler en zigzag tout autour d'un radis (8) et séparer les deux moitiés par rotation.

Marguerite de radis rose
Avec un couteau, inciser douze fois un radis, presque jusqu'à la tige (9). Puis éplucher la peau rose, presque jusqu'à la tige. Laisser s'ouvrir la marguerite dans l'eau froide.

Rose de radis noir
Laver un radis noir et couper l'extrémité (10). Raboter de fines rondelles, les parsemer de sel et laisser reposer environ 5 minutes. Puis rincer et sécher. Former une rangée de rondelles qui se chevauchent un peu (11), puis enrouler à partir de la première rondelle posée. D'une main, tenir bien fermé un bout du rouleau, y passer un élastique, couper droit pour que la fleur tienne bien. Ecarter les pétales avec précaution et les plier vers le bas.

Etoile sur radis rose
Enfoncer jusqu'à la moitié d'un radis rose un petit emporte-pièce en forme d'étoile et l'ôter. Sortir l'étoile du radis avec un couteau pointu.

Couronne de radis sur lit de courgette: Poser la couronne de radis sur une rondelle de courgette cannelée et décorer de fromage ou de fines herbes.

Souriceaux dans le fromage: Confectionner quelques souriceaux de radis roses et les disposer sur un gros morceau de gruyère.

Rosace de radis noir: Former une rosace avec une spirale de radis noir et poser au centre un chrysanthème jaune de radis noir.

Fleur de radis rose sur canapé: Garnir un petit canapé épicé de fromage frais ou de fromage blanc aux fines herbes et poser une fleur de radis rose par-dessus.

Rose de radis noir dans son vase: Poser une rose de radis noir dans un tronçon de concombre assez haut (page 40). Faire quatre entailles sur le tronçon de concombre et y introduire 2 lanières de concombre en guise d'anses. A l'aide de gelée, faire tenir des découpes de légumes sur le vase de concombre.

Pomme de terre

Rondelles de pomme de terre
Couper une pomme de terre épluchée, avec un couteau ordinaire ou cranté, en rondelles de ½ cm d'épaisseur (1). Les faire cuire soit à l'eau salée, soit au jus de betterave rouge ou d'épinards. Pour le jus d'épinards, bien laver les épinards frais et les passer au hachoir à viande. Bien presser la purée dans un torchon tout en recueillant le jus. On peut aussi faire dorer les rondelles de pommes de terre enduites de matière grasse, au four à 170 °C (2).

Champignons de pomme de terre
Eplucher et laver une grosse pomme de terre. Puis, avec une grande cuillère à boules, prélever des boules (3). Creuser jusqu'au centre de la boule avec un évideur (4). Retirer avec précaution l'évideur de pommes. Faire cuire les champignons à l'eau salée, les rafraîchir et les égoutter. S'ils doivent être colorés, les faire cuire au jus de betterave (rouge) ou d'épinards (vert).

Pomme de terre en cage
Couper une grosse pomme de terre pelée et crue en un gros cube de 3 cm (5). Sur chaque côté du cube, à environ ½ cm des bords, inciser en carré (6) et évider l'intérieur des quatre carrés (7). A l'intérieur du cube, la chair de la pomme de terre a ainsi plus de jeu. Avec un couteau, la sculpter alors en boule, avec précaution (8). Faire dorer le cube de pomme de terre évidé, enduit de matière grasse, au four à 180 °C.

Bretzel de pomme de terre
Découper à l'emporte-pièce un bretzel dans une rondelle de pomme de terre de ½ cm d'épaisseur (9) et le faire cuire à l'eau salée. Pour le colorer, utiliser du jus de betterave rouge ou d'épinards. Les bretzels deviennent d'un beau jaune, si on les fait cuire au cumin (1 c. à c. de cumin pour ¼ l d'eau). On peut aussi les faire dorer au four à 170 °C, enduits de matière grasse.

Pomme de terre en cage
sur nid de verdure

Décoration fantaisie

Décoration de bretzels

Savarin de pomme de terre

Champignons de pomme de terre sur nid de légumes

Petit

Champignons de pomme de terre sur nid de légumes: Poser plusieurs champignons de pomme de terre sur un nid de fines râpures de carotte et de courgette (mélangées à un peu de jus de citron).

Pomme de terre en cage sur nid de verdure: Poser une pomme de terre en cage, cuite, sur un nid de cresson.

Décoration de bretzels: Découper des bretzels dans plusieurs rondelles de pomme de terre blanchies, les cuire au four et les disposer en les faisant se chevaucher un peu. Garnir les bretzels de lanières de jambon cru ou cuit.

Petit aquarium: Découper des petits poissons dans des rondelles de pomme de terre. Faire cuire au jus de betterave rouge ou d'épinards et former un banc de poissons. Ajouter un brin d'aneth.

Décoration fantaisie: Découper différentes formes dans des rondelles de pomme de terre, les faire cuire à l'eau colorée et composer une décoration.

Savarin de pomme de terre: Découper un cercle de 6 cm de diamètre dans une rondelle de pomme de terre blanchie, de 1,5 cm d'épaisseur. Creuser un peu le rond avec une cuillère à boules, faire cuire à l'eau et au safran et garnir de cresson. Poser par-dessus un champignon de pomme de terre rouge.

Champignons

Chapeau de champignon de Paris à farcir
Oter le pied d'un champignon assez gros en le faisant tourner d'une main (1). Arroser le chapeau d'un peu de jus de citron, pour qu'il ne brunisse pas et le farcir selon les goûts.

Chapeau de champignon de Paris cannelé
Couper au couteau le pied d'un champignon ferme. Puis avec un couteau à canneler faire de fines cannelures à partir du haut du chapeau (2). Arroser le chapeau d'un peu de jus de citron.

Lamelles de champignon de Paris
Couper le pied d'un champignon. Puis couper le chapeau en lamelles d'égale épaisseur (3) et les arroser de jus de citron.

Chapeau de champignon de Paris sculpté
Couper le pied d'un champignon de Paris brun, bien ferme. Sur le haut du chapeau, découper en étoile quatre bandes minces (4). Arroser de jus de citron.

1 3

2 4

Champignon de Paris sur canapé de concombre: Orner une rondelle de concombre cannelée de pointes d'asperges et d'un ruban de tomate. Poser à côté une tête de champignon cannelé.

Chapeau de champignon de Paris cannelé et farci: Oter à la main le pied d'un champignon au chapeau cannelé.
A l'aide d'une poche à douille en étoile, garnir le chapeau de pâté de foie de veau et décorer d'un petit quartier d'orange (page 74) orné d'une découpe de truffe.

Tête de champignon cannelé, farci

Champignon sur lit de concombre

MORILLES FARCIES

Pour environ 20 moitiés de morilles

Env. 10 grosses morilles sèches

6 c. à c. de chair à saucisse cuite

4 c. à c. d'épinards surgelés et cuisinés

Sel

Poivre noir

1/4 l de fond de volaille en bocal

Trempage: env. 5 heures
Préparation: env. 25 minutes

1. Faire tremper les morilles sèches près de 5 heures à l'eau froide. Les rincer ensuite sous l'eau courante et les sécher avec soin.
2. Entre-temps, bien essorer les épinards décongelés et cuisinés, saler, poivrer et réduire en purée.
3. Mélanger les épinards à la saucisse. Remplir les morilles de ce mélange à l'aide d'une poche à douille en trou.
4. Faire bouillir le fond de volaille et y plonger 2 minutes les morilles farcies. Puis les retirer 5 minutes du feu et les faire refroidir dans le fond de volaille.
5. Sortir les champignons, les essuyer avec soin et les couper en deux dans la longueur. Les utiliser comme garniture.

Chapeau de champignon cannelé sur étoile de courgette: Couper un grand morceau de peau sur une courgette jaune et en faire une étoile avec un emporte-pièce. Y poser le champignon cannelé et décorer d'un rond de garniture.

Papillon sur lamelles de champignon: Pour les ailes, utiliser deux quartiers de tomate-cerise et les poser sur une assez grosse lamelle de champignon. Pour les antennes: deux brins de ciboulette.

Motif de lamelles de champignon: Disposer les unes derrière les autres des lamelles de champignon. Découper de petites formes de poivrons rouge, vert et jaune et les poser sur les lamelles de champignon.

Morilles farcies

Chapeau de champignon cannelé sur étoile de courgette

Motif de lamelles

Papillon sur lamelles de champignon

FRUITS

Fruits à pépins

Pomme

De nos jours, les pommes sont produites dans le monde entier, tout en restant un fruit typique des zones tempérées. Dans ces régions-là, la chair de ce fruit a une consistance ferme et le rapport teneur en sucre/acidité reste harmonieux. Chez nous, les premières pommes sont cueillies vers le mois d'août. Les pommes dites "d'hiver" (Cox Orange, Boskop) sont cueillies plus tard. Si les pommes du pays ne sont pas disponibles sur le marché, on peut toujours recourir aux fruits importés. Parmi ceux-ci, la Granny smith et la Delicious, qui sont en tête des plus appréciées.
Les pommes se prêtent bien à la garniture. Il ne faut pourtant jamais oublier que les pommes épluchées et coupées brunissent très rapidement. On peut pallier cet inconvénient en citronnant les morceaux coupés. On peut aussi pocher les pommes (page 58) ou les enduire de gelée (page 91). A côté des pommes fraîches, on peut aussi utiliser des pommes miniatures en conserve.

Poire

Elle est aussi un fruit typique des régions tempérées, qui existe en de très nombreuses variétés. On distingue les poires à cuire, assez petites, très dures et peu sucrées, des poires de table, qui ont une chair juteuse et sucrée. Seules les poires de table s'utilisent en garniture. Les poires ne se conservant pas très longtemps, elles ne sont disponibles qu'à l'automne. Le reste du temps, on peut recourir, pour des garnitures, aux poires en conserve.

Pomme

Eplucher une pomme
Eplucher une pomme en spirale avec un économe, en partant de la queue (1).

Couper une pomme
Oter le trognon d'une pomme épluchée avec un évideur (2), puis couper la pomme en deux dans la longueur. Couper chaque moitié de pomme en quartiers (3). On peut aussi partager la pomme avec un ustensile spécial (4).

Lamelles de pomme
Pour obtenir des lamelles de pommes égales, on se sert du centre de la pomme, plus épais. Pour ce faire, on coupe une épaisse tranche d'une pomme pelée, en haut et en bas du fruit. On coupe le reste en lamelles qu'on transforme en cercles à l'aide d'un emporte-pièce rond (5). Avec un autre emporte-pièce, plus petit, on enlève les pépins (6).

Tourelle de pomme
Sur une pomme pelée, couper un morceau en haut et en bas du fruit pour que le morceau restant ait la hauteur d'une tourelle. Découper un cercle dans ce morceau, avec un emporte-pièce lisse ou cranté. Enfoncer dans le cercle un emporte-pièce plus petit jusqu'à obtenir la profondeur désirée (7). Oter alors l'emporte-pièce de la tourelle et évider avec une cuillère à boules (8).

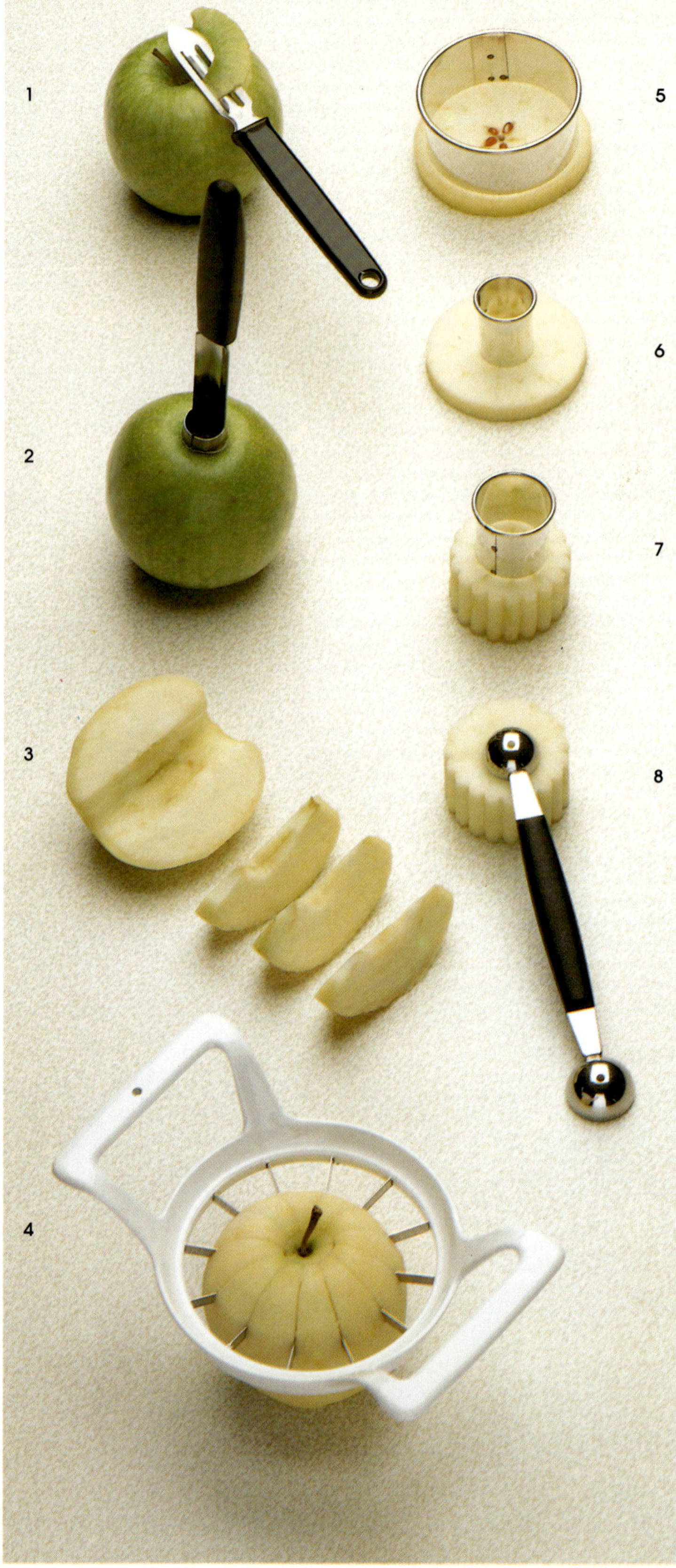

Pocher des pommes
Comme, à la longue, les pommes coupées brunissent, il faut toujours les faire pocher ou les couvrir de gelée (page 91) pour s'en servir en garniture. Il est aussi possible de les citronner. Pour les pocher, il faut donner aux pommes pelées les formes souhaitées et les mettre dans un peu de vin blanc, à feu doux. Ajouter au vin blanc un peu de jus de citron, du sucre et un bâtonnet de cannelle, pour donner du goût. Laisser refroidir les pommes dans le liquide, puis égoutter et essuyer.

Lamelles de pomme cuites au four
Fariner les lamelles de pommes pochées et essuyées et les faire dorer à la poêle, dans du beurre. Pour les paner, battre un œuf avec un peu de farine, y tourner les lamelles de pomme pochées et paner avec de la noix de coco râpée ou des amandes effilées. Faire dorer au four à 180°C avec de la matière grasse.

TOURELLES DE POMMES A LA CREME D'AMARETTO

Pour 10 tourelles

Pour la crème:

2 c. à c. de gélatine blanche en poudre

60 g d'amaretti (biscuits italiens à l'amande)

250 g de fromage blanc

1 c. à s. d'amaretto

En outre:

10 tourelles de pommes

Préparation: env. 20 minutes

1. Diluer la gélatine avec 3 cuillères à soupe d'eau froide dans un récipient. Puis mettre le récipient au bain-marie chaud et, tout en remuant, dissoudre la gélatine.
2. Piler finement les amaretti au mortier et battre en crème lisse avec le fromage blanc et l'amaretto. Incorporer la gélatine dissoute.

Présentation:
Peu avant que la crème prenne en gelée, en garnir la tourelle de pomme avec une poche à douille en étoile.

Tourelle de pomme à la crème d'amaretto et aux raisins: Inciser le haut d'un raisin noir et y introduire une amande épluchée. Poser le raisin sur la tourelle garnie de crème d'amaretto et piquer dans la crème plusieurs amandes effilées et grillées.

Tourelle de pomme et boule de melon: Faire infuser une tourelle de pomme dans $\frac{1}{4}$ l de vin blanc, 2 cuillères à soupe de sucre, $\frac{1}{4}$ de bâtonnet de cannelle, du zeste d'un citron non traité et une pointe de safran, puis égoutter la tourelle. Poser sur la tourelle une boule de melon cantaloup (page 72). L'orner de petites découpes décoratives.

Lamelle de pomme cuite au four et litchi: Poser sur une lamelle de pomme panée à la noix de coco et cuite au four un litchi épluché. Décorer le litchi d'une cerise confite verte et l'entourer de petits morceaux de cerises confites.

Lamelle de pomme cuite au four et pruneau: Sur une lamelle de pomme panée aux amandes et cuite au four poser un pruneau tendre, orné d'une amande épluchée. Décorer la lamelle de pomme de pistache et de zeste d'orange non traitée, coupé en lanières et cuit.

Tourelle de pomme et boule de melon

Tourelle de pomme à la crème d'amaretto et raisin

Lamelle de pomme cuite

Pomme

Cygne de pomme
Il faut un quart de pomme rouge non pelée. Le cœur n'est pas ôté. Couper dans la peau du quartier de pomme, à environ 3 mm des angles, un morceau en V (1). Continuer à faire des découpes en V (2) jusqu'au centre du quartier de pomme et arroser les morceaux de jus de citron. Reconstituer un quartier de pomme avec les découpes en V (3). A l'aide d'un petit couteau, sculpter le cou du cygne dans un morceau de pomme, citronner et rattacher au corps du cygne.

Barque de pomme
Il faut une demi-pomme rouge non pelée avec le cœur. Poser la moitié de pomme sur sa tranche. Au centre, couper dans la longueur avec un couteau un morceau court et mince en V (4). Le réserver. Puis, parallèlement à la première découpe, recouper un morceau en V, plus grand. Répéter l'opération deux fois (5). Couper les quatre découpes en V en deux, par le milieu, et citronner. Reconstituer la moitié de pomme avec les découpes légèrement décalées sur les côtés (6).

Ailes de pomme
Il faut un quart de pomme rouge non pelé et avec le cœur. Avec un couteau pointu, à une extrémité du quart de pomme découper un triangle (7). Citronner. Puis, avec un couteau, prélever dans la pomme deux morceaux en forme de V. Emplir alors les creux de gelée de menthe (8) (page 69).

Tartelette à la pomme miniature

Cygne de pomme sur l'eau

Cygne de pomme sur l'eau: Préparer de la gelée pour fruits (page 90) en remplaçant le vin blanc par du curaçao bleu, afin que la gelée ait une belle couleur bleue. Faire prendre la gelée sur une assiette plate et, à l'aide d'un couteau, lui donner la forme d'un lac. Y poser le cygne de pomme.

Barques de pommes multicolores: Confectionner deux barquettes de pommes, l'une dans une demi-pomme rouge, l'autre dans une verte (les pommes doivent être de même grosseur). Puis constituer des barques multicolores en mélangeant les découpes de pommes.

Papillon de pomme: Avec une poche à douille en trou, déposer sur un biscuit à la cuillère un ruban de crème d'amaretto (page 59). Pour les ailes, adapter quatre découpes de pomme en V (voir cygne de pomme) et pour les antennes, deux fines lanières de gousse de vanille. Pour les yeux, deux minuscules bouts d'une cerise confite rouge posés sur la crème.

Cygne de pomme sur une poire: Déposer un gros pois de crème d'amaretto (page 59) avec une poche à douille en trou sur un quart de poire pochée. Poser le cygne de pomme par-dessus.

Tartelette à la pomme miniature: Garnir une tartelette sucrée de lamelles de fraise, de crème de mascarpone (page 69) et y poser une pomme miniature.

Tranche d'orange et pomme miniature: Poser au centre d'une tranche d'orange épluchée une pomme miniature. L'entourer de pois de crème d'amaretto et décorer de groseilles.

Poire

Eplucher une poire
Eplucher une poire avec un économe, en partant de la queue (1).

Demi-poires
Couper une poire épluchée en deux. Oter les pépins avec une cuillère à boules (2) ainsi que les deux extrémités, en formant un coin.

Eventail de poire
Couper une poire épluchée en deux et ôter la queue en même temps. Oter le cœur avec une cuillère à boules. Dans une casserole, faire un sirop, en tournant, avec ¼ l d'eau, ¼ l de vin blanc et 125 g de sucre. Mettre la demi-poire dans le sirop et faire bouillir, puis la laisser refroidir dans le sirop. Avec un couteau, entailler la moitié de poire en peigne, presque jusqu'à la queue (3), puis aplatir un peu avec la paume de la main, pour que l'éventail se déploie.

Pocher une poire
Comme les morceaux de poire coupés finissent par brunir, il est recommandé, soit de les citronner, soit de les pocher. Pour ce faire, cuire à feu doux les morceaux de poire épluchés, dans un bouillon de vin blanc, avec du jus de citron, du sucre, un morceau de cannelle et un clou de girofle. Laisser refroidir dans le liquide, puis égoutter. Enduire ensuite les poires de gelée (page 91).

1

2

3

Moulin de poire et kiwi

Hérisson de poire

Pour 8 demi-poires

Pour la crème:

3 œufs

100 g de sucre

200 g de fromage frais

Double crème (petits suisses, par exemple)

En outre:

250 g de myrtilles (fraîches ou surgelées)

8 demi-poires pochées

Préparation: env. ¼ d'heure

DEMI-POIRES A LA CREME AU FROMAGE

1. Séparer les blancs des jaunes d'œufs. Battre les jaunes en crème avec le sucre. Monter les blancs en neige ferme.
2. Mélanger les petits suisses aux jaunes d'œufs et au sucre et incorporer les blancs en neige avec précaution. Laver les myrtilles. Si elles sont surgelées, les décongeler et les égoutter.

Présentation:
Emplir les demi-poires de crème au fromage à l'aide d'une poche et décorer de myrtilles.

Décoration en lamelles de poire: Couper une demi-poire pelée en lamelles. Sur la peau de chaque lamelle, découper un grand morceau en V. Arranger les lamelles en fleur avec une groseille à maquereau.

Eventail de poire et menthe: Décorer un éventail de poire d'une belle pointe de menthe.

Moulin de poire et kiwi: Inciser le haut d'une tourelle de poirc, préalablement pochée, en forme de croix. Découper ensuite quatre lamelles de kiwi et les disposer dans les incisions de la poire. Décorer avec une cerise confite.

Lampion de poire: Inciser en zigzag une poire non pelée, jusqu'en son centre, puis faire tourner les deux moitiés l'une contre l'autre pour les détacher. Eplucher la partie inférieure de la poire et couper la base. Avec une cuillère à boules, évider avec précaution et faire pocher. Emplir de salade waldorf (page 76, mais remplacer les pommes par des poires) et recouvrir du chapeau.

Hérisson de poire: Poser une demi-poire pochée sur la tranche et la hérisser de bâtonnets d'amande grillés. Pour les yeux, creuser deux petits trous dans le fruit et y mettre de petits raisins secs.

Tourelle de poire et pomme miniature: Décorer une tourelle de poire coupée à l'emporte-pièce d'une pomme miniature et de petits bouts d'orange.

Lampion de poire

Demi-poire à la crème de fromage

Tourelle de poire et pomme miniature

Eventail de poire et menthe

Décoration de lamelles de poire

Fruits exotiques et agrumes

Ananas

Ce fruit du Sud a un goût aigre-doux, savoureux. On le trouve toute l'année dans le commerce. Il atteint sa pleine maturité lorsque l'écorce prend une couleur orange foncé, légèrement cuivrée. Attention, l'ananas ne supporte pas le froid. Il se conserve à 18°C et il faut veiller à ce qu'il ne soit pas taché. Pour éviter les taches, on peut le suspendre avec un fil solide par la touffe de feuilles. S'il n'est pas possible de se procurer de l'ananas frais pour des garnitures, utiliser des tranches d'ananas en boîte, mais elles sont plus sucrées que l'ananas frais.

Banane

Son usage comme garniture est limité, car elle noircit très vite une fois pelée. Il faut donc citronner la banane épluchée, ce qui stoppe la coloration. En garniture, il faut toujours prendre des bananes mûres, à la chair moelleuse, jaune pâle. Si elles ne sont pas tout à fait à point au moment de l'achat, elles se conservent sans problème à température ambiante. Ne jamais les garder au réfrigérateur, car le processus de maturation étant interrompu, elles deviennent légèrement amères.

Carambole

Ce fruit aussi appelé fruit étoilé, en raison de sa jolie forme, est fort apprécié en garniture pour son aspect. Mais on n'utilise en général que les tranches du fruit, qui ressemblent à de petites étoiles. Le fruit est bien mûr quand la chair a l'aspect de l'ambre. Le goût est alors légèrement acide et rappelle un peu celui des groseilles à maquereau ou des coings. La carambole se garde peu, à 8-10°C, et les minces arêtes du fruit brunissent.

Kiwi

Ce fruit, de la taille d'un œuf, est souvent appelé aussi "groseille de Chine". Aujourd'hui, on le trouve toute l'année sur nos marchés, surtout en provenance de Nouvelle-Zélande. Le kiwi est mûr lorsqu'il cède un peu sous la pression du doigt et que la chair est d'un vert brillant. Son goût savoureux, un peu acide, rappelle celui de la groseille à maquereau. Dans le bac à légumes du réfrigérateur, le kiwi se garde près de 2 semaines.

Limette

Dans les magasins bien approvisionnés, on la trouve toute l'année. Cette "petite sœur du citron" a une peau verte, plus mince que celle du citron; la chair verdâtre a un goût un peu plus fort que celle du citron. Contrairement aux oranges et citrons, les limettes ne sont, en général, pas traitées. En raison de leur peau mince, on ne peut pas, cependant, les conserver longtemps, elles se ratatinent facilement. On conserve la limette à 10°C.

Melon

On différencie par principe les melons d'eau des sucrins. Ces derniers sont préférés comme garniture, car les melons d'eau ont trop peu de goût. Parmi tous les melons sucrins proposés chez nous, le cantaloup est le plus acheté. Il a une écorce vert-jaune et une chair sucrée, orange. De même le melon charentais, à l'écorce striée et à la chair abricot, et le melon ogen, à l'écorce vert-jaune et à la chair savoureuse blanc verdâtre, sont très appréciés. La maturité d'un melon ne s'apprécie pas à l'aspect de la peau, mais au toucher et à l'odeur. Un melon mûr sent légèrement l'ananas et cède un peu sous la pression du doigt, à l'extrémité opposée à la queue. Le melon se conserve dans le bac à légumes du réfrigérateur ou dans une pièce fraîche.

Orange

Les oranges à peau claire et pulpe orange sont disponibles toute l'année chez nous. Entre décembre et mars, on trouve en plus dans le commerce des sanguines, dont la pulpe est rouge sang. Les diverses sortes d'oranges diffèrent souvent en goût, sont plus ou moins juteuses et ont une épaisseur de peau variable. Les oranges mûres ont la peau ferme. Pour utiliser le zeste en garniture, il faut choisir des oranges non traitées.

Citron

On peut l'acheter toute l'année. Il est aussi recommandé d'utiliser des fruits non traités. Un citron mûr a une peau jaune foncé. Pour pouvoir utiliser le zeste, choisir des fruits non traités.

Ananas

Couper et évider un ananas
Sur un ananas épluché, ayant une belle touffe de feuilles, couper en longueur un grand couvercle (1). Couper ou non la touffe de feuilles. A environ 2 cm du bord, entailler la tranche avec un couteau et détacher la chair avec un couteau à pamplemousse recourbé ou une cuillère à soupe (2). Remplir l'ananas selon les goûts.

Eplucher un ananas
Couper les feuilles et la base d'un ananas avec un grand couteau. Puis avec un couteau pointu, couper l'écorce en minces bandes de 1,5 cm d'épaisseur (3). Oter les petits points bruns en creusant de petits sillons tout le long de l'ananas (4).

Tranches d'ananas
Dans un ananas épluché, couper, avec un grand couteau des tranches de 1,5 à 2 cm d'épaisseur. Oter le centre dur des tranches avec un petit emporte-pièce rond (5). On peut aussi couper les tranches d'un ananas non épluché. Pour ce faire, couper les feuilles et le fond de l'ananas, puis des tranches de 2 cm d'épaisseur. Enlever l'écorce avec un grand emporte-pièce rond (6) et le centre dur avec un petit emporte-pièce rond.

1

5

6

2

7

3

8

4

Tranches d'ananas cuites au four
Fariner les tranches d'ananas, puis les passer dans un œuf battu et ensuite paner avec de la noix de coco râpée ou des amandes effilées. Faire dorer au four à 180°C avec de la matière grasse.

Ile d'ananas
Couper le fond d'un ananas entier ayant une belle touffe de feuilles, puis ôter l'écorce aux trois quarts (7), prélever la pulpe avec un couteau, jusqu'au trognon (8). Conserver le pied. Couper la pulpe en gros dés et réserver. Confectionner de la même manière un second palmier.
Suspendre quelques grains de raisin noir avec les épingles ou de petites piques aux feuilles et sur le haut du trognon.
Poser les palmiers sur une assiette plate, les entourer des dés d'ananas réservés et arroser éventuellement de liqueur de cerises (voir page 68).

Tranche d'ananas multicolore

Décoration de morceaux d'ananas

Tranche d'ananas cuite et autres fruits

Fleur d'ananas

Papillon d'ananas

Papillon d'ananas: Couper une tranche d'ananas en quatre. Sur deux des morceaux, couper un petit angle au centre des bords extérieurs. Disposer les deux morceaux à droite et à gauche d'une moitié de fraise et décorer de lamelles de cerise confite et de grains de poivre. Disposer deux lanières de gousse de vanille pour les antennes.

Fleur d'ananas: Sur un ananas pelé, éplucher une spirale de pulpe d'environ 2 cm de large. Rouler la spirale et la mettre dans le trou central d'une tranche d'ananas. Décorer la tranche de découpes d'angélique et de quarts de fraises.

Décoration de morceaux d'ananas: Couper une tranche d'ananas en quatre et disposer les morceaux en rang. Décorer chaque morceau d'un quart de fraise, d'un pignon de pin, de deux grains de poivre rose et d'une feuille de mélisse.

Tranche d'ananas cuite et autres fruits: Au centre d'une tranche d'ananas panée à la noix de coco et cuite au four, poser une cerise rouge confite et une queue de cerise. Couper en long des grains de raisin blanc et noir, en entourer la cerise, et décorer de petits quartiers de mandarine.

Tranche d'ananas multicolore: Faire de la gelée de menthe et de la crème de mascarpone (voir page 69). Sur de la glace pilée, pencher un demi-ananas non pelé et complètement évidé, et le tartiner d'une très mince couche de crème de mascarpone. Verser la gelée de menthe encore liquide et la laisser prendre. Entre-temps, préparer de la gelée de fraises (page 69). Faire alors pencher l'ananas de l'autre côté, emplir de gelée de fraises (page 69) et la laisser prendre. Remplir l'interstice restant de crème de mascarpone. Mettre l'ananas au frais, jusqu'à ce que les gelées soient bien fermes, puis couper en tranches de 2 cm d'épaisseur.

ANANAS-COUPE ET SALADE DE FRUITS EXOTIQUES

Pour 1 ananas-coupe

Pour la salade:

1 tamarillo

1 ananas miniature

1 kiwi

1 papaye

8 litchis

1 carambole

1 mangue

1 pointe de poivre de Cayenne

1 pointe de cardamome

1 trait de pernod

1. Peler tamarillo, ananas miniature et kiwi. Enlever l'écorce de la papaye, couper en deux et ôter les pépins. Eplucher les litchis et ôter les noyaux. Couper tous ces fruits ainsi que la carambole en tranches d'égale épaisseur. On peut aussi prélever des boulettes de papaye.
2. Assaisonner les fruits avec le poivre de Cayenne et la cardamome. Ajouter le pernod, le sirop de sucre, l'eau de rose et le jus de limette.
3. Eplucher la mangue. Détacher la chair du noyau, la couper en dés, réduire en purée au mixer et incorporer aux autres fruits.

Présentation:
Emplir l'ananas évidé des fruits mélangés ou rangés par sorte et garnir de feuilles de mélisse.

4 cl de sirop de sucre

1 trait d'eau de rose

Jus d'une limette

En outre:

1 ananas évidé

Quelques feuilles de mélisse

Préparation:
env. 20 minutes

Ananas-coupe et salade de fruits exotiques

Iles d'ananas

RONDELLES DE BANANE MULTICOLORES

Pour 4 bananes

- 4 bananes, fermes et mûres

Pour la gelée de menthe:

- 1 feuille de gélatine blanche
- 50 ml de vin blanc sec
- 1 c. à s. de sucre
- 1 cl de liqueur de menthe
- 1 c. à s. de feuilles de menthe ciselées

Pour la crème de mascarpone:

- 1 feuille de gélatine blanche
- 3 c. à s. de mascarpone
- Zeste d'une demi-orange non traitée
- 1 jaune d'œuf
- 1 c. à s. de sucre
- 40 g de crème fouettée

1. Découper sur la voussure intérieure des bananes un mince ruban de peau. Le réserver, puis évider complètement les bananes avec précaution, à l'aide d'une cuillère à boules. Ne pas utiliser la chair.
2. Pour la gelée de menthe, faire tremper la gélatine 10 minutes à l'eau froide. Puis l'essorer et la dissoudre dans 2 cuillères à soupe de vin chaud. Mélanger le sucre avec le reste de vin, la liqueur de menthe et les feuilles de menthe et passer la gélatine dissoute au chinois dans ce mélange.
3. Emplir les bananes au tiers de la gelée de menthe refroidie et encore liquide. Mettre au frais 1 heure.
4. Pour la crème de mascarpone, mettre la gélatine 10 minutes à l'eau froide. Passer le mascarpone au chinois à mailles fines et mélanger avec le zeste d'orange, le jaune d'œuf et le sucre.
5. Essorer la gélatine, la dissoudre dans 2 cuillères à soupe d'eau chaude et mélanger à la crème de mascarpone. Incorporer la crème fouettée, verser dans les bananes et faire prendre 1 heure au frais.
6. Pour la gelée de fraises, mettre la gélatine 10 minutes à l'eau froide, puis l'essorer et la dissoudre dans 2 cuillères à soupe de vin chaud.
7. Mélanger la purée de fraises avec le sucre et le reste de vin. Ajouter la gélatine dissoute et les morceaux de fraise. Emplir les bananes de gelée refroidie mais encore liquide, fermer les peaux de banane remplies avec les rubans de peaux réservés et faire prendre le tout environ 1 heure au réfrigérateur.
8. Quand la gelée de fraises est ferme, couper des rondelles de bananes.

Pour la gelée de fraises:

- 1 feuille de gélatine blanche
- 50 ml de vin blanc sec
- 1 c. à s. de purée de fraises
- 1 c. à s. de sucre
- 1 c. à c. de petits morceaux de fraise

Préparation: env. ¾ d'heure
Réfrigération: env. 3 heures

Carambole et kiwi

Socles et tranches de carambole
Dans une belle carambole, couper au couteau des tranches de 1 cm d'épaisseur (1) et citronner pour éviter qu'elles noircissent. On peut utiliser comme socles les deux extrémités du fruit (2).

Couronne de kiwi
Inciser en zigzag, jusqu'en son centre, un kiwi non épluché; faire tourner les deux moitiés sur elles-mêmes pour les détacher (3). Couper le socle des couronnes.

Eplucher un kiwi
Avec un économe éplucher un kiwi en spirale (4).

Tranches de kiwi
Couper un kiwi épluché en tranches de ½ à 1 cm d'épaisseur. On peut aussi bien couper en largeur (5) qu'en longueur (6).

Bougie de carambole

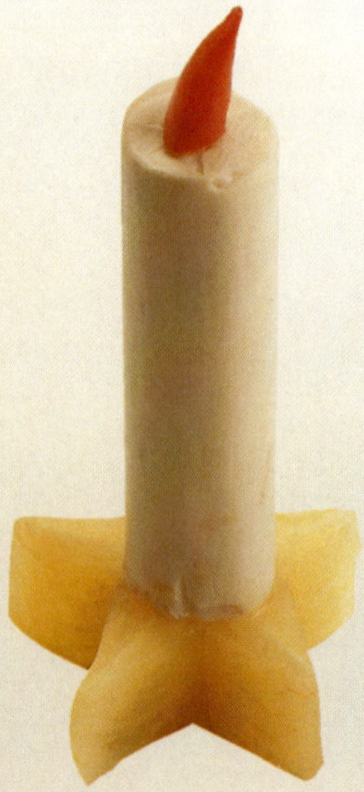

Fleur de kiwi

Etoile de carambole: Mettre quelques grains de maïs en boîte dans une grosse cuillère à boules, verser dans la cuillère un peu de gelée encore liquide (page 90) et faire prendre au réfrigérateur en 1 heure environ. Tremper très brièvement dans l'eau chaude la cuillère à boules, jusqu'à mi-hauteur, pour détacher l'aspic. Emboîter 2 tranches de carambole l'une dans l'autre. Découper des petits triangles de poivrons (rouge et vert) pelés et les poser sur les pointes d'étoiles de carambole. Mettre l'aspic au centre.

Décoration de tranches de carambole

Etoile de carambole

Tranche de carambole et groseille à maquereau

Décoration de tranches de kiwi

Tranche de carambole et couronne de kiwi: Poser une couronne de kiwi sur une tranche de carambole. Avec une demi-cuillère à café de fromage blanc, former une boule, la rouler dans du paprika doux en poudre et la déposer sur la couronne de kiwi.

Décoration de tranches de carambole: Faire se chevaucher une rangée de tranches de carambole. Fendre 2 litchis frais à moitié, en laissant apparaître le noyau. Détacher un peu de la fine pellicule parcheminée de 2 groseilles à maquereau. Disposer litchis et groseilles à maquereau sur les tranches de carambole.

Bougie de carambole: Faire tenir un long tronçon de cœur de palmier sur une tranche de carambole. Poser par-dessus une moitié de piment pili-pili.

Décoration de tranches de kiwi: Recouvrir tout d'abord quelques rondelles de kiwi épluché de petites découpes rondes de kaki et de demi-grains de raisin noir. Ordonner le tout en une rangée, qui se chevauche un peu. Puis constituer à côté de la première une autre rangée de tranches de kiwi ovales, également couvertes de kaki et de raisin.

Fleur de kiwi: Couper en longueur un kiwi, épluché en quartiers, faire de même pour une moitié de pêche. Disposer en fleur les quartiers de kiwi et de pêche. Sur une papaye sans écorce, éplucher dans la longueur, avec un économe, un mince ruban de 1 cm de large. En faire une petite rose et la disposer au centre de la fleur de kiwi.

Melon

Couper et épépiner un melon
Couper un melon en deux avec un grand couteau. Sortir les pépins avec une cuillère à soupe (1). Couper la base de chaque moitié pour assurer la stabilité, garnir selon les goûts.

Couronne de melon
Avec un couteau pointu, inciser en zigzag tout autour d'un melon. Faire tourner légèrement les deux moitiés l'une sur l'autre pour les détacher (2). Oter les pépins avec une cuillère, couper la base et remplir selon les goûts.

Melon-corbeille
A partir du haut, faire deux coupes sur un tiers de melon et à partir de là inciser au couteau tout autour du melon, jusqu'en son centre (3). Oter alors les deux morceaux. Enlever en coupant de $\frac{1}{2}$ à 1 cm de chair sur l'anse, sortir les pépins de la corbeille avec une cuillère et couper la base. Remplir la corbeille selon les goûts.

Quartiers de melon
Avec un grand couteau, couper un melon dans la hauteur en six ou huit quartiers. Oter les pépins avec une cuillère (4). Si on désire servir les quartiers tels quels, découper l'écorce à l'aide d'un couteau à pamplemousse (5) mais laisser les quartiers de chair sur l'écorce. Avec un couteau ordinaire ou cranté, couper des bouchées de melon (6).

Boules de melon
Enfoncer très profondément une cuillère à boules dans la chair d'un demi-melon épépiné et prélever de petites boules en tournant la cuillère (7).

Melon-corbeille garni

''Grappe'' de melon

Etoile de melon

''Cassate'' de melon

Melon-corbeille garni: Mélanger 150 g de moutarde à l'ancienne égouttée avec quelques boules de melon et 2 cl de porto. En emplir un melon-corbeille. Décorer l'anse comme suit: faire adhérer des demi-grains de raisin noir sur des tranches de kumquat avec de la gelée liquide (page 90) et faire tenir le kumquat sur l'anse également avec de la gelée.

Etoile de melon: Sur un melon à découpes en zigzag, découper un petit couvercle, couper le haut de l'écorce pour que l'étoile tienne bien. Poser au centre une rose-tomate (page 28) et la décorer de feuilles de menthe. Entre les zigzags de l'étoile de melon poser de petites boules de pastèque.

''Grappe'' de melon: Former une grappe de raisin avec des boules de melon, faire la tige dans un morceau d'angélique.

''Cassate'' de melon: Remplir à la suite un demi-melon épépiné des gelées suivantes: gelée pour fruits (page 90) au sirop de framboise (rouge), gelée pour fruits à la liqueur de café (marron). Pour remplir observer les mêmes indications que celles de la page 69 pour la recette de ''rondelles de bananes multicolores'', afin que les couches de gelées ne se mélangent pas. Quand les gelées sont fermes, couper le melon avec un grand couteau en tranches de 1,5 cm d'épaisseur. Recouvrir les tranches de petits morceaux de fruits (raisin, groseilles à maquereau, etc).

Citron et orange

Canneler et couper les agrumes en tranches
Avec un couteau à canneler, couper de minces bandes de peau sur un fruit (1). Couper ensuite le fruit cannelé en minces rondelles (2).

Petites corbeilles en citron ou orange
Couper deux coins en haut d'une orange ou d'un citron et couper la base (3). Racler la pulpe dans la corbeille et sur l'anse avec une cuillère, puis garnir la corbeille.

Rotor de citron
Couper un tiers d'un citron et sa base (4). Ne pas utiliser le tiers du citron coupé. Entailler le bas du citron à moitié, cinq fois à la verticale (5). Puis, en partant de la première entaille, en faire une autre, oblique, en direction de la seconde déjà faite (6). Recommencer quatre fois l'opération et jeter les coins découpés.

Quartiers dans leur peau
Avec un couteau, couper en deux, dans la longueur, orange ou citron, puis partager en quartiers (7).

Filets d'orange
Eplucher avec soin une orange en ôtant méticuleusement la peau blanche (8). Avec un couteau pointu, inciser entre les quartiers de fruit et détacher les filets (9).

Rotor de citron

Tranche d'orange
et papier doré

Orange-corbeille garnie

Citron-corbeille,
airelles, crème
et raifort

Spirale de
citron originale

Tranche d'orange
et pruneau

Citron-corbeille, airelles, crème et raifort: Pour la farce: égoutter une demi-cuillère à café d'airelles en bocal et mélanger avec une pointe de raifort. Incorporer une demi-cuillère à soupe de crème fouettée et emplir la corbeille de ce mélange. Décorer de quelques airelles.

Tranche d'orange et pruneau: Couvrir une tranche d'orange pelée avec soin d'un pruneau et poser des groseilles tout autour.

Spirale de citron originale: Avec un couteau à canneler, découper une spirale dans la peau d'un citron non traité. Veiller à ce qu'elle reste d'un tenant. Donner une forme décorative à la spirale accrochée au citron.

Orange-corbeille garnie: Avec un couteau à zeste, détacher sur une orange à peau épaisse de fines bandes de peau du haut jusqu'au tiers inférieur, et les laisser sur l'orange. Couper l'orange en corbeille et l'évider. Former des boucles avec les lanières de peau pendantes et accrocher un ruban de peau à l'anse. Remplir la corbeille d'un cocktail de fruits.

Tranche d'orange et papier doré: Couvrir une tranche d'orange bien épluchée d'un pruneau et l'enrober de papier doré.

ORANGE-CORBEILLE ET SALADE WALDORF

Pour 8 corbeilles

Pour la salade:

250 g de pommes acidulées (boskop)

250 g de céleri-rave

250 g d'ananas en boîte

Jus de ½ citron

100 g de mayonnaise

2 cl de liqueur d'œufs

Sel

Poivre blanc

Sucre

En outre:

8 oranges-corbeilles

100 g de cerneaux de noix hachés

1. Eplucher les pommes, les couper en quatre, ôter le trognon et couper en bâtonnets fins. Eplucher le céleri, le laver et le couper de même en bâtonnets fins. Mélanger les deux à l'ananas bien égoutté et au jus de citron.
2. Mélanger la mayonnaise et la liqueur d'œufs et assaisonner avec sel, poivre et sucre. Tourner la salade dans la sauce.

Présentation:
Emplir les oranges de salade et décorer avec les cerneaux de noix hachés.

Préparation: env. ¼ d'heure

Orange-corbeille et salade waldorf

Fleur d'orange

Bateau à voile de citron

Quartier de limette et losanges

Bateau à voile de citron: Piquer une mince lamelle de cornichon sur une pique de bois. Poser un quartier de citron sur une rondelle de limette et y fixer la voile de cornichon. Piquer une câpre au sommet du mât.

Fleur d'orange: Former une fleur avec des filets d'orange et de limette, des bâtonnets d'angélique et des demi-pistaches. Garnir la fleur de petits bouts de truffe ou d'une quelconque garniture noire.

Filets d'orange et cerise

Fleur de saumon

Filet de limette et losanges

Quartier de limette et losanges: Découper deux losanges d'angélique et les poser à côté d'un quartier ou d'un filet de limette.

Filets d'orange et cerise: Décorer trois filets d'orange d'une cerise confite rouge avec sa queue.

Fleur de saumon: Former deux rosettes de saumon fumé et les poser au bout de deux tiges de persil. Ajouter deux filets de limette au bas

BEURRE, ŒUFS, FROMAGE ET GELÉE

Beurre, œufs, fromage et gelée

Beurre

Il fait partie des produits laitiers et on le fabrique à partir de crème fraîche ou acidifiée. Dans le commerce, on trouve aussi du beurre salé ou assaisonné de fines herbes ou d'ail. En garniture, on peut utiliser toutes les sortes de beurre, en veillant à ce que le beurre ne ramollisse pas trop à température ambiante.

Œufs

On entend communément par œufs, les œufs de poule, qui sont disponibles chez nous en 7 catégories de poids, de 45 à 70 g. Il y a aussi les œufs de caille, qui font le tiers des œufs de poule et ont une belle coquille parsemée de taches brunes, particulièrement adaptée à la décoration.
On vérifie la fraîcheur d'un œuf en le plongeant dans un grand bol empli d'eau. Si l'œuf reste au fond du bol, il est encore très frais. Si l'œuf est vieux de 10 jours environ, sa chambre d'air à l'intérieur a légèrement augmenté. C'est pourquoi l'œuf se redresse en biais dans l'eau. Des œufs encore plus vieux remontent tout à fait à la verticale ou flottent même à la surface de l'eau.
En garniture, on utilise toujours des œufs durs. Avant cuisson, on pique les œufs avec une aiguille, afin qu'ils n'éclatent pas. On cuit les œufs de poule en 10 minutes environ et les œufs de caille en 5 minutes. Ils sont alors assez durs. Il faut les passer de suite à l'eau froide, ils sont ainsi plus faciles à éplucher.

Fromage

Il appartient au groupe des produits laitiers. Les fromages à pâte dure (emmenthal, gruyère et cheddar) et les fromages de Hollande (gouda, édam), en raison de leur consistance ferme, conviennent bien comme garniture, sur des piques ou en découpes. Pour couper au mieux le fromage, il faut un couteau à fromage spécial ou un fil à couper le fromage. Le fromage se conserve idéalement sous une cloche, dans une pièce fraîche, ou enveloppé dans du papier alimentaire au réfrigérateur. Dans ce dernier cas, il faut le sortir au moins une heure avant de le manger, afin que son arôme puisse s'épanouir.

Gelée

On peut utiliser la gelée de différentes façons: en "enduit" sur certaines garnitures, comme "fond" d'un plat en argent, pour éviter de rayer le plat en se servant d'aliments, en "conservateur" de certains aliments, les morceaux de pomme par exemple. Il est important alors que le goût de la gelée s'accorde à celui des autres ingrédients.
Le produit de base de la gelée est soit du vin, un bouillon dégraissé et clarifié ou un fond. Pour faire prendre le liquide, il faut de la gélatine (en feuilles ou en poudre). Selon le moment plus ou moins chaud de l'année, on emploie plus ou moins de gélatine, afin que la gelée, une fois prise, ne ramollisse pas à température ambiante. Pour colorer de la gelée (en particulier pour en faire de la farce multicolore, voir "tranches de bananes multicolores" page 69 ou "cassate de melon" page 73), il faut remplacer, selon la couleur désirée, un peu de liquide par des liqueurs ou des sirops colorés. Le curaçao bleu colore en bleu, la liqueur de café en brun, le sirop de framboise en rouge, la liqueur de menthe en vert.

Beurre

Boules de beurre
Plonger une cuillère à boules dans l'eau chaude, l'enfoncer aussitôt dans du beurre (pas trop dur) et faire tourner régulièrement la cuillère autour de son axe (1). Mettre brièvement les boules prélevées au réfrigérateur. Puis les disposer sur une soucoupe.

Petits rouleaux de beurre
Poser une plaque de 250 g de beurre sur un de ses côtés étroits. Passer brièvement à l'eau chaude un ustensile à couper le beurre, puis, en pressant légèrement, prélever des bandes de beurre (2). Mettre brièvement au frais, puis disposer sur une soucoupe.

Découpes de beurre
Avec un couteau passé à l'eau chaude, couper des tranches de beurre de ½ cm d'épaisseur. Faire dans ces tranches des découpes aux motifs divers avec différents emporte-pièce (3), mettre brièvement au réfrigérateur et disposer sur une assiette.

Beurre gaufré
Pour gaufrer des motifs sur du beurre, on peut très bien se servir des chutes de beurre d'autres garnitures. Passer l'ustensile à gaufrer à l'eau froide, puis le remplir de beurre à température ambiante, et imprimer les motifs en poussant le manche de l'ustensile (4), mettre au frais et disposer sur une soucoupe.

Rose de beurre
Pour quatre roses, il faut environ 500 bons grammes de beurre, car avec la poche à douille, on sait qu'il y a toujours du déchet. Battre le beurre amolli en crème, en tournant à la main, puis en emplir une poche à douille plate. Recouvrir un bouchon à champagne de papier alu et avec une aiguille le piquer dans un fruit ferme et stable (une pomme par exemple). Appliquer alors avec la douille de petits pétales sur le bouchon (5). A chaque pétale déposé, faire un peu tourner le bouchon. Les pétales doivent être déposés de droite à gauche avec un léger mouvement ondulant. La rose terminée, mettre le tout au réfrigérateur, jusqu'à ce que la fleur durcisse. La détacher ensuite du bouchon et la disposer sur une assiette.

Arbre en boucles de beurre
A l'aide de papier alimentaire, rouler en quille un assez gros morceau de beurre amolli (6). Couper le bas de la quille et la faire tenir droite. Avec un ustensile à couper le beurre trempé dans l'eau chaude, former tout autour de la quille, de bas en haut, de petites boucles (7).

Arbre en boucles de beurre

Arbre de beurre sur une assiette

Décoration de beurre gaufré

Rouleaux de beurre dans une coquille

Roses de beurre

Fleur en bretzels

Arbre de beurre sur une assiette: Avec un couteau, découper dans un morceau de beurre de ½ cm d'épaisseur un tronc d'arbre. Le poser sur une grande assiette plate et l'enduire éventuellement de jus de rôti. Découper à l'emporte-pièce, sur une tranche de beurre de ½ cm d'épaisseur de petites feuilles et les disposer en couronne au-dessus du tronc. Garnir le bas du tronc d'un peu de cresson.

Fleur en bretzels de beurre: Découper de petits bretzels à l'emporte-pièce sur une tranche de beurre de ½ cm d'épaisseur et les poser en cercle sur une assiette. Décorer d'une touffe de cresson au centre.

Rouleaux de beurre dans une coquille: Disposer plusieurs boules et rouleaux de beurre dans une coquille Saint-Jacques.

Décoration de beurre gaufré: Disposer en étoile trois petites feuilles de salade trévise ou radicchio. Mettre au centre un petit nid de zeste fin d'orange et déposer entre les feuilles de salade trois morceaux ronds de beurre gaufré.

Rondelles d'œuf
Peler un œuf dur et le couper en tranches avec un appareil (1). Selon la disposition de l'œuf dans l'appareil, on obtient des tranches rondes ou ovales.

Quartiers d'œuf
Peler un œuf dur et le couper en six avec un appareil (2).

Moitiés d'œuf à garnir
Peler un œuf dur et le couper en deux dans la longueur avec un couteau (3). Retirer les jaunes et l'œuf peut être garni (recettes page 86). Rincer les blancs, les faire égoutter et couper la base. Avec une poche à douille en étoile, garnir les blancs de crème au jaune d'œuf (4). On peut aussi couper les œufs en deux dans la largeur (5). Procéder comme ci-dessus.

Découpes de blanc d'œuf
Peler un gros œuf dur et le couper en tranches ovales avec l'appareil. Retirer le jaune et s'en servir éventuellement en farce. Découper des motifs à l'emporte-pièce dans le blanc (6) et en faire une décoration.

Œufs

Rondelles d'œuf garnies

Quartiers d'œuf décorés

Eventail d'œuf

Motif en blanc d'œuf: Composer un motif en découpes de blanc d'œuf, de poivron rouge, jaune et vert et de truffe. Garnir de cerfeuil.

Rondelles d'œufs garnies: Garnir une rondelle d'œuf de morceaux d'olive farcie, disposés en cercle. Au centre, poser une demi-tomate-cerise.

Rondelles d'œuf et poivron: Découper de petits triangles dans deux rondelles d'œuf et emplir les trous de petits triangles de poivrons de même dimension. Au centre, mettre une petite lamelle de truffe. Disposer les rondelles d'œuf en les faisant se chevaucher.

Quartiers d'œuf décorés: Décorer des quartiers d'œuf de crevettes de cocktail et de cerfeuil.

Eventail d'œuf: Disposer en éventail deux quartiers d'œuf, un quartier de tomate et un de citron (page 74).

Fleur d'œuf: Former une fleur avec une rondelle d'œuf, des découpes de carotte, une fine lanière de poireau blanchie, un morceau de truffe et de petits morceaux de poireau.

Notes de musique en œuf: Faire se chevaucher quatre tranches d'œuf ovales. Avec des brins de ciboulette et des rondelles d'œuf de caille, former une portée de notes.

ŒUFS FARCIS

Pour 20 demi-œufs durs

10 œufs durs coupés en deux

Préparation: env. 20 minutes

Peler les œufs et les couper en deux dans la longueur. Les farcir avec l'une des farces ci-dessous. Rincer les blancs à l'eau froide, les égoutter, couper la base pour qu'ils soient stables. Préparer une farce au jaune d'œuf et la déposer dans le blanc d'œuf avec une poche à douille en étoile.

FARCE MOUTARDE/MAYONNAISE

Pour 20 demi-œufs durs

½ bouquet de persil

10 jaunes d'œufs durs

6 c. à s. de mayonnaise

½ c. à c. de moutarde peu forte

½ c. à c. de sel

1 pointe de poivre blanc

Préparation: 10 minutes env.

Laver, essuyer et hacher finement le persil. Passer les jaunes d'œufs au chinois à mailles serrées. Mélanger la mayonnaise au persil, à la moutarde et aux jaunes d'œufs. Saler, poivrer.

FARCE CAROTTES/NOISETTES

Pour 20 demi-œufs durs

4 c. à s. de cottage cheese

2 c. à s. de carottes finement râpées

Un peu de jus de citron

2 c. à c. de noisettes moulues

1 pincée de sel

1 pincée de poivre noir

Préparation: 10 minutes env.

Passer les jaunes au chinois. Bien mélanger le fromage avec les carottes râpées, un peu de jus de citron, les noisettes moulues et les jaunes d'œufs. Saler, poivrer.

FARCE FINES HERBES/FROMAGE FRAIS

Pour 20 demi-œufs durs

10 jaunes d'œufs durs

4 c. à s. de fromage frais double crème

2 c. à s. de fines herbes hachées (persil, ciboulette, cerfeuil)

4 c. à s. de lait

1 pincée de sel

Préparation: 5 minutes env.

Passer les jaunes d'œufs au chinois. Bien mélanger le fromage frais, les fines herbes hachées et le lait. Saler.

FARCE AVOCAT/CURRY

Pour 20 demi-œufs durs

10 jaunes d'œufs durs

4 c. à s. de fromage frais double crème

2 c. à c. de curry en poudre

2 c. à c. de purée d'avocat

2 c. à c. de jus de citron

2 c. à s. de lait

1 pincée de sel

Préparation: env. 5 minutes

Passer les jaunes d'œufs au chinois. Puis bien mélanger avec le fromage frais, le curry, la purée d'avocat, le jus de citron et le lait. Saler.

Œufs de caille dans leur nid

Tasse de thé-œuf

Demi-œuf et farce carottes/noisettes

Demi-œuf et farce fines herbes/ fromage frais

Demi-œuf et farce avocat/curry

Œufs de caille dans leur nid: Former deux cercles concentriques avec des carottes râpées et citronnées ou de longs bâtonnets de carottes et du cresson. Au centre, disposer deux œufs de caille pelés et coupés en deux et un œuf entier, pelé à mi-hauteur.

Moitié d'œuf à la farce de carottes et noisettes: Décorer la farce de rondelles de radis, morceaux de concombre, bâtonnets de carotte et d'une noisette.

Moitié d'œuf à la farce de fines herbes et fromage frais: Décorer la farce de feuilles de cerfeuil, d'une découpe de fromage en forme de cœur et d'un rond de poivron.

Moitié d'œuf à la farce de moutarde et mayonnaise: Décorer la farce de lanières de tomate et de feuilles de cerfeuil.

Moitié d'œuf à la farce d'avocat et curry: Décorer la farce de petits bouts de poivron, de truffe, de feuilles de cerfeuil, et d'une découpe de carotte.

Tasse de thé-œuf: Découper un couvercle en haut d'un œuf dur et couper la base de l'œuf. Oter avec soin le jaune. Dans le creux, verser de la gelée verte (page 90) et faire prendre au réfrigérateur. Poser l'œuf sur une rondelle de concombre cannelée. En guise d'anse, fixer sur le côté un morceau de bretzel salé. Décorer la tasse d'un losange de poivron et d'une feuille de cerfeuil.

Fromage

Tranches de fromage
On peut couper le fromage à pâte dure en tranches régulières avec un couteau spécial ou un fil (1). Les tranches ont un joli aspect quand on les coupe au couteau à cran (2).

Découpes de fromage
Couper un morceau de fromage, (emmenthal, gouda, édam, gruyère) avec un couteau ou un fil, en tranches de 1 cm d'épaisseur. Découper de jolis motifs à l'emporte-pièce (3).

Pétales de tête-de-moine:
Sur un petit fromage tête-de-moine de 500 g, découper un petit couvercle, puis creuser dans le fromage et raboter ainsi de fins pétales de fromage (4). Après utilisation, toujours recouvrir le fromage de son couvercle.

Girolle et pétales de tête-de-moine

Barque de fromage: Enfiler le haut d'une fine lanière de poivron rouge sur une pique, puis une olive farcie et le bas de la lanière de poivron. Enfoncer la pique dans une découpe de fromage en forme de fleur.

Brochette de sapins: Découper sur un morceau d'édam ou de gruyère un grand et deux petits sapins à l'emporte-pièce. Tartiner de beurre le bord d'une rondelle de pain noir et y faire adhérer du persil haché fin. Poser les sapins sur le pain et faire tenir avec une pique.

Moulin à vent de fromage: Découper des ovales dans des tranches de 1 cm d'épaisseur de tilsit, d'édam, d'emmenthal et de gruyère, tamponner les bords des découpes dans du paprika doux et du persil haché et poser sur une tranche de pain noir, tartinée de fromage frais. Mettre au centre un demi-grain de raisin noir.

Brochette de fromage multicolore: Mettre l'un sur l'autre trois motifs de fromage de taille différente. Garnir une brochette d'un grain de raisin noir, d'un grain de blanc et d'une olive farcie et piquer dans le fromage.

Petite brochette de losange: Enfiler sur une brochette un grain de raisin noir et un losange de gouda et enfoncer la pique dans une tranche de pain noir garnie d'une rondelle d'édam.

Hérisson de fromage: Une idée originale de hérisson de fromage se trouve à la page 34. Les dés de fromage peuvent être remplacés par des découpes de fromage (losanges, cercles, fleurs, petits cœurs).

Pétales de tête-de-moine et girolle: Poser une tête-de-moine entière sans couvercle sur une planche de bois, raboter quelques pétales de fromage avec la girolle et les disposer autour du fromage.

Brochette de sapins

Moulin à vent de fromage

Brochette de fromage multicolore

Petite brochette de losange

Barque de fromage

Gelée

GELEE POUR FRUITS

Pour env. ½ l

8 feuilles de gélatine blanche (en été) ou 6 (en hiver)

½ l de vin blanc sec

70 g de sucre

Jus de ¼ de citron

Préparation: env. ½ heure
Réfrigération: env. 2 heures

1. Mettre les feuilles de gélatine (leur nombre varie selon la saison) environ 10 minutes à l'eau froide.
2. Faire chauffer la moitié du vin dans une casserole, sans faire bouillir. Bien essorer les feuilles de gélatine et les faire dissoudre dans le vin chaud en remuant.
3. Puis ajouter le sucre, le jus de citron et le reste de vin, et remuer le liquide au bain-marie froid, jusqu'à ce qu'il prenne en gelée (à 28, 30 °C).
4. Badigeonner des fruits (quartiers de pomme, filets d'orange) de gelée avec un pinceau de cuisine, les mettre 2 heures environ au réfrigérateur, jusqu'à ce que la gelée soit bien ferme.

GELEE AU PORTO POUR PLATS DE VIANDE

Pour env. ½ l

20 g de gélatine blanche en poudre ou 50 g pour la gelée plus ferme

450 ml de fond de bœuf en bocal

50 ml de porto

1 pincée de sel

Préparation: env. 25 minutes
Réfrigération: env. 2 heures

1. Mettre la gélatine en poudre (la quantité dépend de la consistance de gelée recherchée) 10 minutes dans un tiers du fond de bœuf froid.
2. Chauffer le reste de fond de bœuf, sans le faire bouillir. Ajouter la gélatine diluée et la dissoudre dans le liquide en remuant lentement. Puis ajouter le porto et un peu de sel.
3. Verser sur le plat une fine couche de gelée encore liquide et mettre 2 heures au réfrigérateur, jusqu'à ce qu'elle durcisse.

GELEE A L'ANETH ET AU CERFEUIL POUR PLATS DE POISSON

Pour env. ½ l

20 ou 50 g de gélatine en poudre selon la consistance de gelée recherchée

450 ml de fond de poisson en bocal

50 ml de vin blanc sec

½ bouquet d'aneth

½ bouquet de cerfeuil

Préparation: env. ½ heure
Réfrigération: env. 2 heures

1. Mettre la poudre de gélatine (la quantité dépend de la consistance recherchée) dans un tiers du fond de poisson froid pendant 10 minutes. Hacher finement les fines herbes.
2. Faire chauffer le reste du fond dans une casserole, sans faire bouillir. Ajouter la gélatine diluée et le vin et dissoudre la gélatine.
3. Remuer la gelée encore liquide au bain-marie froid, jusqu'à ce qu'elle prenne (à 35 °C). Ajouter seulement alors les fines herbes hachées.
4. Verser une fine couche de gelée encore liquide sur le plat et mettre au réfrigérateur pour 2 heures.

Cœurs à la gelée de porto

Dés de gelée pour fruits

Dés de gelée sur un nid

Losanges en gelée à l'aneth et au cerfeuil

Couvrir un plat de gelée
Pour ne pas rayer les plats en argent en y prenant des aliments, on les couvre de gelée avant de les garnir. Mesurer tout d'abord la quantité de liquide nécessaire pour la gelée. Pour cela, emplir le plat d'eau sur ½ cm de hauteur puis verser cette quantité d'eau dans un verre gradué. Préparer la quantité correspondante de gelée (prendre la quantité de gélatine donnée pour gelée ferme), la verser encore liquide sur le plat (1) et piquer éventuellement avec un cure-dents pour évacuer les bulles d'air. Mettre le plat bien droit au réfrigérateur, ne plus le bouger et laisser prendre la gelée. Elle est prête quand elle ne fait plus de vagues, si on souffle dessus. A ce moment-là seulement, garnir le plat d'aliments (viande et poisson surtout). Attention! Ne poser ni ananas ni kiwi frais sur le miroir de gelée, sinon il ramollirait.

Enduire une garniture de gelée
Poser des garnitures plates sur une grille à pâtisserie et les enduire au pinceau de cuisine de gelée liquide (2). Piquer des garnitures de plastique ou comestibles sur de petites piques et les plonger dans de la gelée liquide. Enfoncer les piques dans une demi-pomme (3) et laisser prendre l'enduit de gelée.

Découpes de gelée
Emplir sur 1 cm de hauteur, une coupelle de gelée encore liquide et laisser prendre au frais. Puis découper de petites formes à l'emporte-pièce dans la gelée (4). A l'aide d'une règle et d'un couteau, on peut aussi couper des carrés, losanges et triangles de gelée.

Dés de gelée
Hacher grossièrement des chutes de gelée et les utiliser en petits tas ou en bâtonnets pour garnir les bords d'un plat. Si la gelée est hachée plus menue, on peut aussi l'appliquer en motifs avec la poche à douille en trou (5).

Dés de gelée dans le nid:
Sur un lit de feuilles de céleri en branches, poser une découpe ronde de pain rôtie. Au centre, mettre de petits dés de gelée au porto et une tranche de foie gras d'oie.

PÂTISSERIES

PAIN EPICE EN POT DE FLEURS

Pour 8 pots de fleurs

8 petits pots de fleurs neufs en terre cuite (6 cm de haut, 5 cm de diamètre)

2 c. à s. d'huile pour enduire

250 g de farine

½ cube de levure

1 pincée de sucre

60 ml de lait

1 oignon

½ gousse d'ail

1. Badigeonner l'intérieur des pots de fleur à l'huile avec un pinceau. Tamiser la farine dans un saladier et la mettre en fontaine.
2. Effriter la levure dans la fontaine, ajouter le sucre et le lait et mélanger en une pâte avec un peu de farine du bord. Saupoudrer d'un peu de farine, couvrir et laisser reposer dans un endroit chaud 20 minutes environ.
3. Entre-temps, éplucher l'oignon et l'ail et hacher finement les deux. Faire fondre le beurre, puis mélanger avec l'œuf, les épices, l'aneth, les morceaux d'ail et d'oignon.
4. Ajouter le mélange à la pâte reposée. Faire une pâte ferme du tout et la pétrir jusqu'à ce qu'elle fasse des bulles. Couvrir et laisser à nouveau reposer 20 minutes.
5. Emplir de pâte, jusqu'à mi-hauteur, chaque pot de fleurs et laisser reposer encore 10 minutes. Préchauffer le four à 200°C.
6. Mouiller la surface de la pâte d'un peu d'eau salée et faire cuire les pains au four 30 à 35 minutes. Servir les pains épicés dans les pots.

1 c. à s. ½ de beurre

1 œuf

1 pincée de noix muscade râpée

¼ c. à c. de graines de fenouil hachées

¼ c. à c. de romarin moulu

½ c. à c. de grains d'anis

1 c. à s. ½ d'aneth haché

Sel

Repos de la pâte: env. 1 heure
Préparation: env. 1 heure

BOUQUET DE PETITS PAINS

Pour 1 bouquet

12 petits pains (de 3 cm de diamètre env.)

12 morceaux de fil de fer pour fleurs de 20 cm de long

3 ou 4 fleurs en tissu assez grosses (pavot, bleuet, marguerite)

1 manchette de bouquet en dentelle

1 large morceau de ruban adhésif

Eventuellement un ruban de tissu

1 beau vase

1. Piquer les petits pains sur les tiges de fer et les arranger en bouquet avec les fleurs en tissu. Faire tenir le tout en dessous avec le ruban adhésif.
2. Disposer la manchette autour du bouquet, l'orner éventuellement d'un ruban et le mettre dans un vase.

Variante
Si vous désirez faire un bouquet plus décoratif encore, ajoutez des fleurs séchées et des épis de blé. Un bouquet de fleurs coupées, fraîches et de feuilles est aussi très joli.

Fabrication: env. ¼ d'heure

Conseil
Ce bouquet de petits pains n'est destiné qu'à la décoration! Les petits pains ne doivent pas être consommés.

Motifs de pain

Il est important ici que le pain utilisé soit frais, mais qu'il ait une consistance ferme et ne s'émiette pas, quand on le découpe. Les tranches doivent avoir toujours la même épaisseur. On procède ainsi: dans une tranche fine de pain de mie, découper un cercle à l'emporte-pièce (1) et l'ôter. Avec le même emporte-pièce découper un autre cercle dans du pain noir (2) et l'ôter.

1

2

3

Déposer le cercle de pain de mie dans le trou du pain noir et inversement. Bien fixer les ronds de pain dans leur cadre avec la main. Avec l'entraînement, on peut faire plusieurs découpes dans des pains de différentes couleurs et inventer toutes sortes de motifs. Du pain garni de découpes de fromage ou de jambon est aussi très décoratif (3). Comme variante sucrée, on peut utiliser un mélange de pain aux raisins et de gâteau au miel, l'aspect en est très réussi.

Pâte à choux

RECETTE DE BASE DE LA PATE A CHOUX

Pour 20 choux env.

- 75 g de beurre
- ¼ l d'eau
- 125 g de farine
- 1 pincée de sel
- 2 œufs
- 1 blanc d'œuf
- Un peu d'huile à enduire

Préparation: env. 1 heure ¼

1. Faire bouillir ensemble le beurre et l'eau dans une casserole. Puis retirer la casserole du feu. Mélanger la farine et le sel, et verser d'un coup dans le liquide, tout en remuant avec force.
2. Remettre la casserole sur le feu et remuer la pâte, jusqu'à ce qu'elle forme une boule épaisse et qu'une couche blanche couvre le fond de la casserole. Préchauffer le four à 220°C.
3. Laisser refroidir un peu la pâte dans un saladier. Battre les œufs entiers avec le blanc d'œuf et incorporer ce mélange à la pâte par petites portions, jusqu'à ce qu'elle soit lisse.
4. Huiler la plaque dans le four. Remplir une poche à grande douille de pâte à choux et former 20 petits tas de pâte (de 3 à 5 cm de diamètre) sur la plaque, à distance de 5 cm.
5. Glisser la plaque dans le four. Verser la moitié d'une tasse d'eau sur le fond de la plaque du four, fermer aussitôt la porte et faire cuire environ 25 minutes. Ne pas ouvrir le four en cours de cuisson. Puis arrêter le four, coincer le manche d'une cuillère en bois dans la porte du four et laisser refroidir la pâtisserie ainsi pendant ¼ d'heure.
6. Couper les choux encore tièdes en deux et les emplir de crème (recettes ci-dessous).

Chou à la crème d'anchois

Epi à la crème fromage/poivron

CREME FROMAGE/POIVRON

Pour 20 choux env.

- 1 poivron vert de taille moyenne
- ½ oignon
- 1 c. à s. d'huile
- 50 g de beurre amolli
- 150 g de fromage frais double crème
- 3 c. à s. de crème fraîche
- ½ c. à c. de paprika doux
- Sel
- Poivre blanc

Préparation: env. ¾ d'heure

1. Préchauffer le four à 200°C. Couper le poivron en deux dans la longueur, vider, laver, et laisser cuire au four jusqu'à ce que la peau cloque. Sortir le poivron du four, envelopper brièvement d'un torchon humide, ôter la peau, et couper en dés fins.
2. Eplucher le demi-oignon, couper en dés et faire revenir dans l'huile. Laisser refroidir.
3. Battre le beurre en crème et mélanger avec oignon, fromage frais, crème fraîche, poivron et paprika. Saler et poivrer.

CREME D'ANCHOIS

Pour 20 choux env.

- 80 g de filets d'anchois en bocal
- 110 g de margarine amollie
- ½ c. à c. de jus de citron
- 1 pincée de poivre de Cayenne
- Poivre noir

1. Essuyer les filets d'anchois avec du papier et, dans un mortier, en faire une pâte lisse.
2. Ajouter la margarine et le persil et assaisonner avec le jus de citron, le poivre de Cayenne et le poivre noir.

Pâte à choux

Motifs en pâte à choux
En pâte à choux on peut former les motifs les plus variés, qui sont ensuite dorés au four et peuvent être éventuellement garnis de crème salée ou sucrée. Selon la forme désirée, on utilise une douille en étoile ou à trou. Emplir une poche à douille de pâte à choux et fermer le haut de la poche en le torsadant. Tenir le bout de la poche de la main gauche et former sur une plaque graissée un des motifs suivants:

Chou (1): Avec une petite douille en étoile (taille 3), appliquer avec un mouvement tournant une petite cocarde sur la plaque. Pour terminer, relever un peu la douille vers le haut, afin que le chou ait une jolie pointe à son sommet.

Eclair (2): Avec la même douille que ci-dessus, déposer une petite bande sur la plaque. Aux deux bouts de l'éclair, appuyer un peu plus fort sur la poche, pour que ceux-ci soient un peu plus épais que le milieu.

Couronne d'étoiles (3): Avec une petite douille en étoile (taille 3), former un cercle de petites touffes de pâte sur la plaque.

Bretzel (4): Avec une douille à trou moyenne (taille 5) former un bretzel sur la plaque.

Epi (5): Avec une petite douille à trou (taille 3), former trois petites balles de pâtes accolées. Terminer chaque balle en pointe, en relevant la douille vers le haut.

Anneau (6): Avec une petite douille en étoile (taille 3), former un anneau (6 cm de diamètre) sur la plaque.

Double macaron (7): Avec une petite douille en étoile (taille 3), former deux macarons se touchant légèrement.

Chou à la crème d'anchois

Eclair à la crème fromage/poivron

Chou à la crème d'anchois: Couper en deux à l'horizontale un chou cuit et emplir une moitié de crème d'anchois (page 97). Remettre le couvercle. Poser sur le chou une lamelle de poisson fumé coupée en biais et un bouquet de brocoli.

Eclair à la crème fromage/poivron: Avec les mains, former deux boulettes de crème fromage/poivron (page 97) et les mettre au frais, pour qu'elles durcissent. Garnir un demi-éclair cuit de mâche ou d'épinards, poser les boulettes de crème et deux demi-grains de raisins par-dessus et reposer le couvercle au sommet.

Double macaron à la crème d'anchois: Couper en deux à l'horizontale un double macaron et emplir une moitié de crème d'anchois (page 97). Sur une partie de la crème, poser une rondelle d'œuf de caille cuit au plat, sur l'autre partie, un morceau d'anguille fumée, un filet de limette et un brin de cerfeuil. Remettre le couvercle.

Couronne d'étoiles à la chantilly: Couper en deux à l'horizontale une couronne d'étoiles cuite et couler un peu de chantilly avec une poche à douille sur une moitié de couronne. Remettre le couvercle par-dessus.

Anneau à la crème fromage/poivron: Couper en deux à l'horizontale un anneau cuit et avec une poche à douille en étoile, de taille moyenne, déposer de petites touffes de crème fromage/paprika (page 97) sur l'anneau. Reposer le couvercle par-dessus.

CANAPÉS ET AMUSE-GUEULE

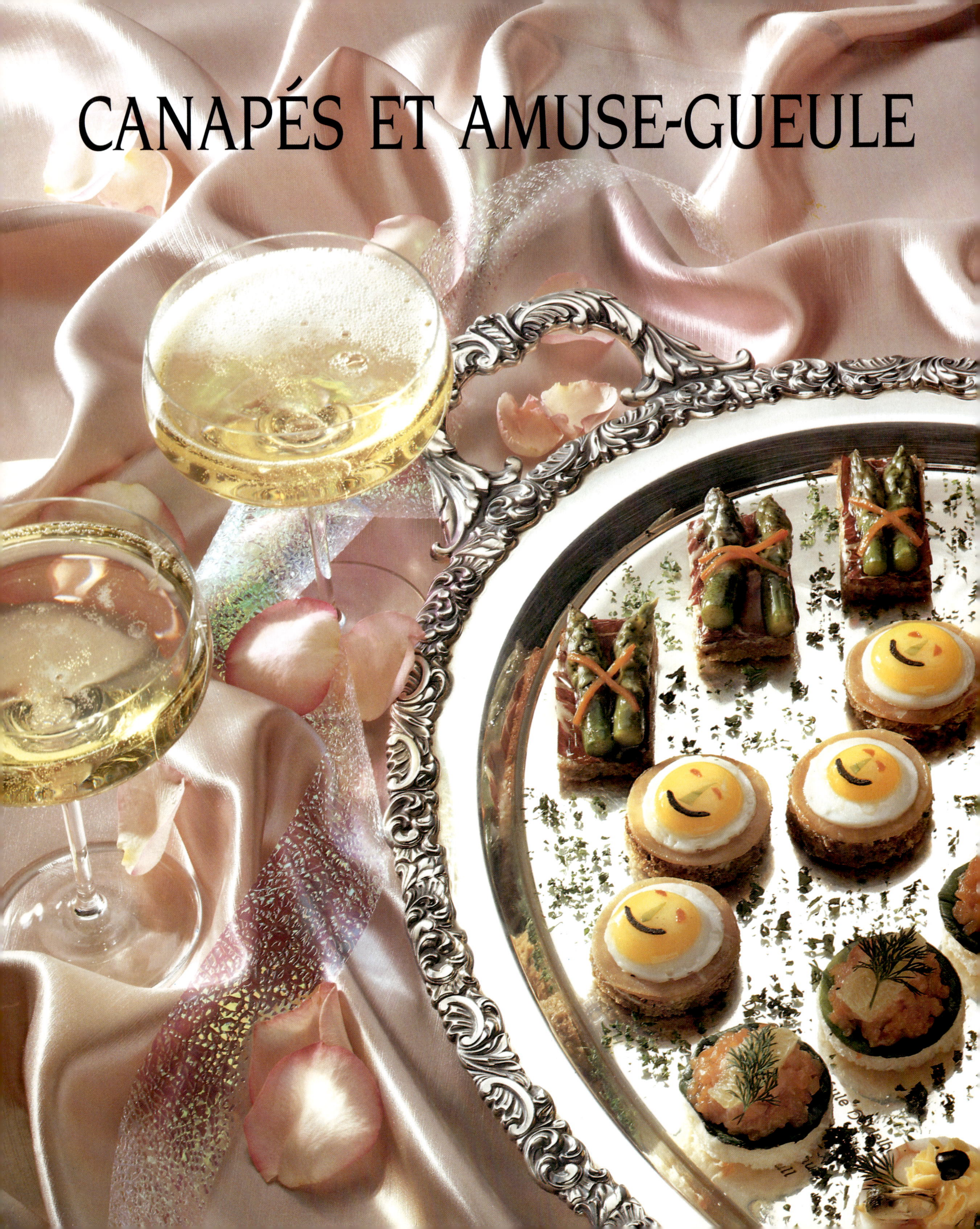

Canapés

Le fond des canapés est toujours constitué d'une petite tranche de pain, coupée en formes diverses (triangles, carrés ou rectangles) ou découpée à l'emporte-pièce (cercles, cœurs, etc). On tartine les tranches de pain de beurre et on les décore richement avec toutes sortes d'ingrédients, qui se marient avec le pain.

CANAPES D'ASPERGES

Pour 6 canapés

- ¼ de poivron rouge
- 3 grosses tranches de pain de seigle
- 1-2 c. à s. de beurre amolli
- 1 c. à s. de cresson de fontaine haché
- 1 très petite gousse d'ail hachée
- 12 asperges vertes et minces
- 1 pincée de sel
- 1 pincée de sucre
- Poivre

1. Préchauffer le four à 200°C. Vider et laver le poivron, le poser sur la tranche sur une plaque de four. Laisser le poivron au four, jusqu'à ce que la peau cloque. Le sortir alors du four et l'envelopper brièvement d'un torchon humide. Puis ôter la peau et couper le poivron dans la longueur en 12 lanières.
2. Oter la croûte des morceaux de pain de seigle et découper les tranches en six rectangles de 3 x 6 cm.
3. Battre le beurre en crème et le mélanger au cresson de fontaine et à l'ail. Enduire de beurre les rectangles de pain.
4. Couper des pointes d'asperges de 6 cm de long et les faire cuire 4 minutes à l'eau légèrement salée et sucrée. Les laisser refroidir dans l'eau de cuisson puis les égoutter sur du papier.
5. Déposer sur chaque rectangle de pain deux pointes d'asperges et deux lanières de poivron.

Préparation: env. ¾ d'heure

CANAPES AUX FRUITS DE MER

Pour 6 canapés

- 6 bâtonnets surgelés de crabe ou 6 tranches de crabe frais
- 3 c. à s. de beurre
- 1 c. à s. de cresson de fontaine haché
- 1 très petite gousse d'ail haché
- 6 petites feuilles de trévise ou de radicchio
- 3 c. à s. de crème aux jaunes d'œufs (page 29)
- 6 moules en bocal
- 3 olives noires
- 6 brins d'aneth

1. Faire décongeler les bâtonnets de crabe et les essuyer. Faire rôtir les tranches de pain à la poêle, dans une cuillère à soupe de beurre. Mélanger le reste de beurre en crème avec le cresson et l'ail.
2. Faire des découpes rondes de pain (6 cm de diamètre) et les tartiner de beurre au cresson. Couper les feuilles de salade lavées à la taille des rondelles de pain et les poser sur le pain.
3. Disposer par-dessus un bâtonnet ou une tranche de crabe. Poser la crème aux jaunes d'œufs dessus, avec une poche à douille, et une moule égouttée au sommet de chaque canapé.
4. Fendre les olives en deux et ôter le noyau. Décorer chaque canapé d'une moitié d'olive et d'un brin d'aneth lavé.

Préparation: env. ½ heure

CANAPES AU TARTARE DE SAUMON

Pour 6 canapés

4 c. à s. de beurre amolli
1 cl de vodka
2 petits oignons nouveaux
6 tranches de pain de mie
300 g de saumon fumé en tranches
6 filets de limette (page 74)
Quelques brins d'aneth

1. Ajouter la vodka au beurre et battre en crème. Laver les oignons frais et les couper de biais en 12 morceaux.
2. Faire six découpes rondes (4 cm diamètre) dans les tranches de pain et bien les tartiner de beurre à la vodka.
3. Couper en dés fins le saumon fumé et les masser au centre des canapés. Garnir le tartare de saumon de filets de limette, de petits morceaux d'oignons et d'aneth.

Préparation: env. 20 minutes

CANAPES AU JAMBON ET A L'ŒUF

Pour 6 canapés

2-3 c. à s. de beurre amolli
1 pincée de sel
½ c. à c. de raifort frais, râpé
6 tranches de pain complet
3 grosses tranches de jambon de la Forêt Noire
6 œufs de caille

1. Battre les deux tiers du beurre en crème et ajouter le sel et le raifort. Découper le pain en cercles de 6 cm de diamètre et le tartiner de beurre au raifort.
2. Découper six cercles, de 6 cm de diamètre, dans le jambon et les poser sur le pain. Faire cuire les œufs de caille au plat dans une poêle avec le reste de beurre, puis les découper en cercles et les disposer, encore tièdes, sur les canapés.

Conseil
Décorer ces canapés en formant un visage sur chaque jaune d'œuf avec du poivron, de la ciboulette et une garniture pour les yeux.

Préparation: env. 20 minutes

Bouchées pour cocktail

Ce sont les "sœurs cadettes" des canapés et médaillons. Le socle est fait de chutes de pain ou de rondelles de légumes. On le recouvre joliment d'aliments, qui tiennent en général sur une petite pique.

COUSSIN DE PATE FEUILLETEE A LA MOUSSE D'ŒUFS DE TRUITE

Pour 6 coussins

- 2 plaques de pâte feuilletée surgelée
- 1-2 c. à s. de farine
- 1 jaune d'œuf
- 1 c. à s. de lait
- 2 feuilles de gélatine blanche
- 3 c. à s. de crème fraîche
- Sel, poivre
- Un peu de jus de citron
- 1-2 c. à s. de cerfeuil haché finement
- 4 c. à s. de crème fouettée
- 60 g d'œufs de truite

Préparation: env. 40 minutes
Réfrigération: env. ½ heure

1. Préchauffer le four à 210°C. Faire décongeler la pâte feuilletée, puis l'étendre en couche régulière (env. 3 mm) sur un plan de travail fariné et froid et y découper six cercles (4 cm de diamètre). Poser les cercles sur une plaque de four mouillée d'eau.
2. Battre le jaune d'œuf avec le lait, enduire les cercles de pâte de ce mélange et faire dorer au four 12 minutes. Oter alors de la plaque et laisser refroidir.
3. Entre-temps, mettre la gélatine environ 10 minutes à l'eau froide, bien l'essorer ensuite et la faire dissoudre dans un petit récipient au bain-marie chaud.
4. Sortir le récipient du bain-marie et incorporer la crème fraîche à la gélatine dissoute. Assaisonner avec sel, poivre et jus de citron. Incorporer enfin le cerfeuil et la crème fouettée.
5. Couper les coussins de pâte feuilletée à l'horizontale et emplir chaque moitié de mousse, avec une poche à douille. Poser les œufs de truite par-dessus. Remettre les couvercles et mettre le tout au réfrigérateur ½ heure.

RADIS GARNIS

Pour 36 gros radis roses

- 80 g de fromage frais double crème
- 1-2 c. à s. de crème fouettée
- 1-2 c. à s. de ciboulette coupée
- Sel, poivre
- 6 tranches de pain bis

Préparation: env. 35 minutes

1. Laver les radis puis, avec une cuillère à perles, les évider du côté de la racine avec précaution. Dans le pain, découper 36 petits cœurs (3 cm de diamètre).
2. Mettre le fromage frais dans un saladier et le battre au fouet en une crème lisse. Ajouter la ciboulette et incorporer la crème fouettée. Saler et poivrer.
3. Emplir les radis de crème au fromage frais, tout en en réservant un peu. Poser une touffe de crème sur chaque cœur de pain et poser les radis par-dessus. Faire tenir éventuellement avec une pique.

Variante
De la même manière, vous pouvez aussi garnir des nénuphars de radis (page 48).

TARTARE DE HARENG SUR RONDELLES DE POMME DE TERRE

Pour 6 rondelles

1 grosse pomme de terre
100 g de filet de hareng
4 radis roses
50 g de pomme
1 cl d'aquavit
1 c. à s. de ciboulette coupée
1 c. à s. de lait caillé
Sel
Poivre
1 tomate-cerise
Quelques brins de ciboulette
Des découpes de pomme

1. Cuire la pomme de terre en robe des champs, la peler et la couper en six tranches égales. Entre-temps, rincer brièvement le filet de hareng, l'essuyer et le couper en petits dés.
2. Laver et couper en petits dés les radis, éplucher le morceau de pomme et le couper en petits dés. Mélanger hareng, radis et pomme avec l'aquavit, la ciboulette coupée et le lait caillé. Saler, poivrer.
3. Disposer le tartare de hareng sur chaque tranche de pomme de terre. Laver la tomate-cerise et la couper en six. Décorer les bouchées de morceaux de tomate, de ciboulette et de découpes de pomme.

Préparation: env. ½ heure

Médaillons

On les utilise volontiers en entrées ou pour des buffets froids. Au contraire des canapés, qui ressemblent un peu aux petits pains beurrés, les médaillons ont toujours un socle de viande cuite ou de fruits ou de légumes. Les légumes forment le plus souvent la base de médaillons au poisson et fruits de mer, mais servent aussi, sans accompagnement, de bouchées purement végétariennes. L'important est que le socle s'harmonise bien en goût avec sa garniture. On n'utilise pas de piques pour les médaillons.

ROULEAUX DE LIMANDE SUR LIT DE CONCOMBRE

Pour 6 médaillons

- 70 g de filet de truite saumonée
- Sel
- Poivre
- 40 g de crème liquide
- ½ c. à c. de pernod

1. Mettre brièvement au freezer le filet de truite saumonée, puis le couper en gros dés, saler, poivrer et réduire en purée au mixer. Ajouter peu à peu la crème et continuer à mixer. Verser le pernod et assaisonner la farce de poisson à nouveau.
2. Laver et sécher les filets de limande, les aplatir un peu entre deux feuilles de papier transparent. Les poser (la peau sur le haut) sur une feuille d'alu légèrement huilée, en les faisant se chevaucher un peu.
3. Saler et poivrer un peu les filets, les enduire de farce de poisson et les rouler en largeur. Bien fermer la feuille d'alu en papillote.
4. Faire pocher le rouleau de poisson en papillote dans le bouillon de légumes, à feu doux, pendant 20 minutes. Puis sortir la papillote du bouillon et laisser refroidir.
5. Ouvrir la papillote et couper le rouleau de poisson en six tranches égales. Laver le concombre, le canneler, le couper en six rondelles égales et les saler légèrement.
6. Poser les tranches de poisson sur les rondelles de concombre et décorer de caviar et de cerfeuil.

- 2 gros filets de limande avec la peau
- 1 c. à c. d'huile
- ¾ l de bouillon de légumes
- ⅙ de concombre
- 2 c. à s. de caviar
- 6 feuilles de cerfeuil

Préparation: env. 1 heure ½

MEDAILLONS DE POITRINE DE DINDE A LA CREME DE FOIE ET NOIX

Pour 6 médaillons

- 300 g de poitrine de dinde rôtie et fumée
- 50 g de saucisse de foie de veau
- 2 c. à s. de beurre amolli

1. Couper six tranches égales de poitrine de dinde, dans la largeur. Passer la saucisse de foie de veau avec le beurre au tamis de crin très fin et battre en crème avec le porto.
2. Déposer la crème de foie sur les médaillons avec une poche à douille en zigzag. Décorer chaque médaillon d'un cerneau de noix et d'un filet d'orange.

- 1 cl de porto rouge
- 5 cerneaux de noix
- 6 petits filets d'orange (page 74)

Préparation: env. ¼ d'heure

MEDAILLONS DE FOIE GRAS D'OIE

Pour 6 médaillons

120 g de pommes (boskop)

¼ l de vin blanc

1 pincée de sucre

Un peu de jus de citron

¼ de bâton de cannelle

120 g de parfait de foie d'oie en boîte

1. Eplucher les pommes et les évider. Les couper en six tranches de 1 cm d'épaisseur et, dans ces tranches, découper à l'emporte-pièce des ronds de 4 cm ½ de diamètre.
2. Faire chauffer le vin avec le sucre, du jus de citron ainsi que le bâton de cannelle et y faire pocher les rondelles de pommes. Les laisser refroidir dans le liquide et égoutter.
3. Découper six rondelles de foie d'oie de 4 cm ½ de diamètre. Poser un médaillon de foie sur chaque rondelle de pomme.
4. Couper les pistaches en deux. Décorer les médaillons d'une griotte, de 4 moitiés de pistaches et d'une noisette. Enduire les médaillons de gelée pour donner du brillant et mettre le tout au frais ½ heure environ.

12 pistaches

6 griottes

6 noisettes

¼ l de gelée liquide (voir recette "gelée au porto" page 90, mais prendre du calvados à la place du porto)

Préparation: env. ½ heure
Réfrigération: env. ½ heure

MEDAILLONS DE VEAU A LA PUREE DE BROCOLI

Pour 6 médaillons

6 médaillons de veau de 30 g pièce

Poivre blanc

Sel

1 pincée de paprika doux en poudre

4 c. à s. d'huile

175 g de brocoli

6 feuilles de gélatine blanche

1. Saler et poivrer les médaillons de veau et les rouler dans du paprika. Les faire cuire 3 minutes de chaque côté à l'huile chaude. Laisser refroidir.
2. Laver les brocolis et les faire cuire à l'eau salée. Puis les rafraîchir, bien les égoutter, les couper un peu. Réserver six bouquets, réduire le reste en purée au mixer et saler légèrement.
3. Mettre la gélatine environ 10 minutes à l'eau froide, bien l'essorer et la faire dissoudre dans le bouillon de viande chaud. Mélanger la gélatine liquide à la purée de brocoli. Mettre au frais 3 minutes.
4. Fouetter la crème et l'incorporer avec précaution à la purée. Avec une poche à douille, disposer la crème de légumes sur les médaillons.
5. Avec un pinceau, badigeonner les médaillons de gelée liquide et mettre au réfrigérateur ½ heure.
6. Couper en deux les œufs de caille. Décorer les

3 c. à s. de bouillon de viande

250 g de crème

¼ l de gelée liquide (voir recette "gelée au porto" page 90, mais remplacer le porto par du madère)

3 œufs de caille cuits, en bocal

Préparation: env. ½ heure
Réfrigération: env. ½ heure

GARNITURES SUCRÉES ET GÂTEAUX DE RÊVE

Pâte d'amandes et chocolat de couverture

Pâte d'amandes

Dans le commerce d'alimentation, il existe des pains de pâte d'amandes brute, composée de deux tiers d'amandes et d'un tiers de sucre. Pour pouvoir l'utiliser, cette masse brute doit être encore mélangée à du sucre glace finement tamisé. Pour cela, il faut 50 g de sucre glace pour 100 g de pâte d'amandes. Il faut pétrir les deux ingrédients avec grand soin et utiliser le produit fini assez vite, car il sèche facilement et se laisse alors moins bien travailler. C'est pourquoi il vaut mieux prévoir la quantité strictement nécessaire à l'usage prévu. Pour apporter un peu de changement à la pâtisserie en pâte d'amandes, on peut colorer la pâte avec du cacao ou un colorant alimentaire. Pour ce faire: aplatir la pâte d'amandes avec les paumes des mains et poser au centre du cacao ou du colorant. Replier les bords jusqu'au milieu et bien malaxer le tout pour que la pâte soit uniformément colorée.

Chocolat de couverture

Pour le glaçage au chocolat, les petites découpes de chocolat et les motifs appliqués avec une poche à douille, on utilise surtout du chocolat de couverture. Il en existe dans le commerce pour tous les goûts (chocolat au lait, blanc ou noir amer). On peut aussi utiliser pour le glaçage de banales tablettes de chocolat. Mais elles contiennent cependant trop peu de matières grasses et doivent être enrichies d'huile de coco ou de beurre de cacao. C'est pourquoi le chocolat de couverture est préférable. Pour le travailler, il faut d'abord le faire fondre. Pour cela, couper la quantité désirée en gros morceaux, en mettre les deux tiers dans une petite coupe sèche et placer celle-ci au bain-marie chaud (50 °C). Si l'on fait fondre le chocolat directement sur le feu, dans une casserole, il risque de brûler. Dès que le chocolat a complètement fondu (remuer souvent), l'ôter du bain-marie et ajouter les morceaux de chocolat restant. Les faire fondre, en tournant, dans le chocolat déjà fondu. Puis réchauffer le tout avec précaution, en tournant, au bain-marie (40 °C), jusqu'à ce que le chocolat atteigne une température de 32 °C. Oter du bain-marie et travailler le chocolat. Le réchauffer éventuellement une fois encore au bain-marie, au cas où il durcirait trop pour être travaillé. Si l'on chauffe le chocolat au-dessus de 34 °C, le beurre de cacao se sépare de la masse de chocolat et flotte au-dessus. En refroidissant, le beurre de cacao détaché forme alors de vilaines taches à la surface. Il faut donc toujours veiller à la température. Il vaut toujours mieux faire monter progressivement la température jusqu'à 32 °C que chauffer trop fort d'un coup et faire redescendre ensuite la température à 32 °C!

Felchlin
Carma

Pâte d'amandes

Etendre la pâte d'amandes
Etendre la pâte d'amandes préparée (page 110) au rouleau à pâtisserie en une couche de 4 à 5 mm d'épaisseur (1). Saupoudrer au préalable le plan de travail, afin que la pâte d'amandes ne colle pas.

Découper la pâte d'amandes à l'emporte-pièce
Découper à l'emporte-pièce des petits motifs dans la couche de pâte étendue (2) et les utiliser en décorations. L'effet est particulièrement réussi, quand on combine des motifs de différentes couleurs en pâte d'amandes colorée.

Découper la pâte d'amandes au couteau
Il n'existe pas d'emporte-pièce pour les grandes découpes. Il faut donc d'abord dessiner le motif sur du papier fin et le découper. Poser le pochoir ainsi confectionné sur une couche de pâte d'amandes de 4 mm d'épaisseur (3) et découper le motif au couteau. Le détacher avec précaution à l'aide d'une spatule large et s'en servir pour décorer un gâteau, par exemple.

Cornets de pâte d'amandes
Couper avec un emporte-pièce rond et lisse ou cranté (5 cm de diamètre) un cercle dans une couche de pâte d'amandes de 4 mm d'épaisseur. Fendre ce cercle en un seul endroit jusqu'en son centre (4) et presser les extrémités l'une contre l'autre de sorte à former un cornet (5).

Dés
Etendre la pâte en une couche de 1 cm d'épaisseur. Avec un couteau découper une bande de 1 cm de large (6). Couper dans cette bande des dés de 1 cm de côté (7). Faire des petits trous sur les dés et les garnir de têtes de piques en bois ou de chocolat de couverture (page 115).

Fer à cheval
Dans une couche de pâte d'amandes de 8 mm d'épaisseur, découper une bande de 1 cm de large et de 10 cm de long et la courber en fer à cheval. Bien ourler les extrémités et le centre (8). Emplir les trous de têtes de piques de bois ou de chocolat de couverture (page 115).

Chiffres et lettres
Dans une couche de pâte d'amandes de 3 mm d'épaisseur, découper, avec une roulette à pâte lisse, des bandes de 6 mm de large, les poser sur le chant (9) et en faire des chiffres ou des lettres. On peut aussi couper les deux avec un pochoir (10).

Décoration en découpes de pâte d'amandes

Décoration en découpes de pâte d'amandes

Bouquet de fleurs dans son vase

Prairie fleurie en pâte d'amandes

Décoration en découpes de pâte d'amandes: Découper avec différents emporte-pièce des motifs dans de la pâte d'amandes de 4 mm d'épaisseur, colorée de différentes couleurs. En composer une décoration et orner de motifs en chocolat fondu (page 118).

Bouquet de fleurs dans son vase: Dans une couche de pâte d'amandes de 4 mm d'épaisseur, colorée au préalable en trois couleurs différentes, découper avec pochoirs et emporte-pièce les formes nécessaires. Disposer les fleurs aux fines tiges d'angélique dans leur vase.

Prairie fleurie en pâte d'amandes: Elle est confectionnée de la même façon que les fleurs et le vase.

Décoration en cornets de pâte d'amandes: Découper à l'emporte-pièce trois cercles crantés dans une couche de pâte d'amandes de 4 mm d'épaisseur. Avec un couteau, tracer des lignes pour former une étoile. Entailler les cercles à un seul endroit jusqu'au centre et former des cornets. Poser en leur centre une boulette de pâte d'amandes. Découper une ellipse dans une couche de pâte d'amandes de 4 mm colorée au cacao et y poser les cornets. Décorer de feuilles de pâte d'amandes. Avec de la pâte d'amandes colorée en vert, former des boulettes avec les mains et en ourler l'ellipse.

Pâte d'amandes

Modeler la pâte d'amandes
Pour modeler des figurines, on utilise aussi de la pâte d'amandes brute liée avec du sucre glace (page 110), qu'on peut ensuite teindre selon les goûts et les figurines souhaitées. On modèle d'abord avec les mains et une spatule à modeler la figurine de base, puis on y colle les accessoires avec un glaçage au sucre (page 120). En collant les différents morceaux, il faut veiller à ce que la figurine soit bien stable (aplatir éventuellement un peu la base) et ne tombe pas.

Poire de pâte d'amandes
Avec les mains, former une boule dans un morceau de pâte d'amandes de 80 g (1). Donner la forme d'une poire à cette boule et, avec une spatule à modeler, faire une entaille à la base de la poire (2). Garnir l'entaille d'un petit morceau de pâte d'amandes marron. En guise de queue, adapter un morceau d'angélique à la poire. La poire prend une belle marbrure, si on lui pulvérise une laque alimentaire spéciale (pour cela, questionner le pâtissier).

Pomme de pâte d'amandes
On la confectionne comme la poire, mais c'est la boule de pâte d'amandes non modelée qui sert de base.

Champignon de pâte d'amandes
Rouler avec les mains un petit morceau de pâte d'amandes et le modeler en pied de champignon (3). Puis former une boule avec de la pâte d'amandes rouge, la couper en deux au couteau et incurver légèrement une des moitiés. Former des pois de pâte d'amandes blanche, les aplatir et les fixer au chapeau de champignon avec un glaçage au sucre (page 120). Poser le chapeau (4) sur le pied et faire tenir les deux ensemble avec un peu de glaçage au sucre.

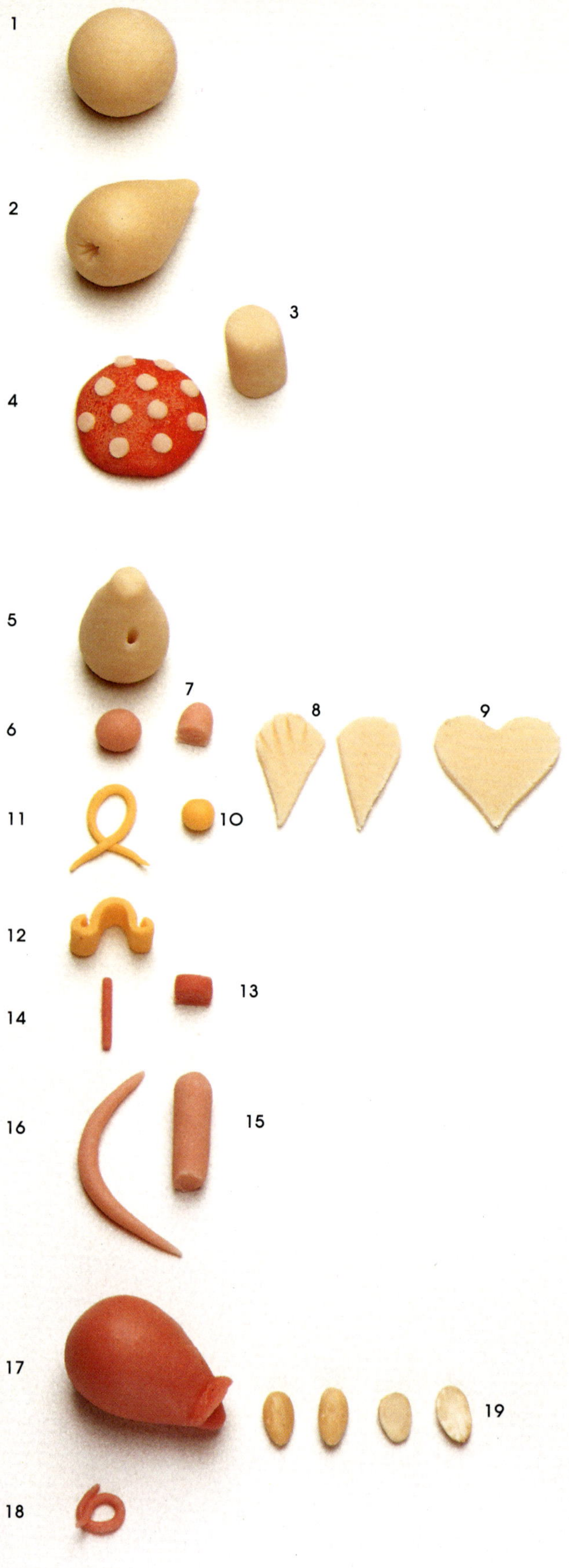

Ange de pâte d'amandes
Pour le corps, former une poire de pâte d'amandes et faire un petit trou sur le devant (5). La tête est faite d'une boule assez grosse (6), la bouche d'une petite boule (7), que l'on creuse un peu en son centre avec une spatule. Fabriquer les ailes (8) dans un cœur découpé à l'emporte-pièce (9). Pour l'écharpe, étendre une boule (10) de pâte d'amandes en un petit ruban (11). Faire les cheveux avec une bande mince de pâte (12). Pour la bougie, former dans de la pâte d'amandes rose (13) un rouleau fin (14), et dans un rouleau épais (15), former les bras (16). Assembler tous ces éléments pour faire un ange, selon la photo de la page suivante. Fixer les yeux en chocolat avec un glaçage au sucre.

Cochonnet de pâte d'amandes
Modeler une poire avec les mains dans un morceau de pâte d'amandes de 80 g. Aplatir le sommet de la poire, faire une petite entaille en largeur et modeler un groin avec une spatule (17). Pour la queue, faire un mince ruban de pâte d'amandes, le redresser à une extrémité et en faire un anneau (18). Le fixer au cochonnet avec un glaçage au sucre. Puis enfoncer dans le cochonnet les morceaux de 4 amandes pelées et coupées en deux dans la longueur, en guise d'oreilles et de pattes de devant. Appliquer les yeux avec une poche à douille.

Levraut de pâte d'amandes:
Pour la tête, entailler le haut d'une goutte de pâte d'amandes et la poser sur une grosse boule de pâte. Fixer au corps, pour les pattes, des petits rouleaux de pâte, pour la queue une petite boule. Former le visage par application à la poche à douille.

Lièvre de pâte d'amandes: Pour la tête, entailler le haut d'une goutte de pâte et la poser sur une grosse boule. Pour le corps, entailler les extrémités d'un épais rouleau de pâte et en faire les pattes. Poser la tête sur le corps. Appliquer bouche et yeux avec la poche à douille.

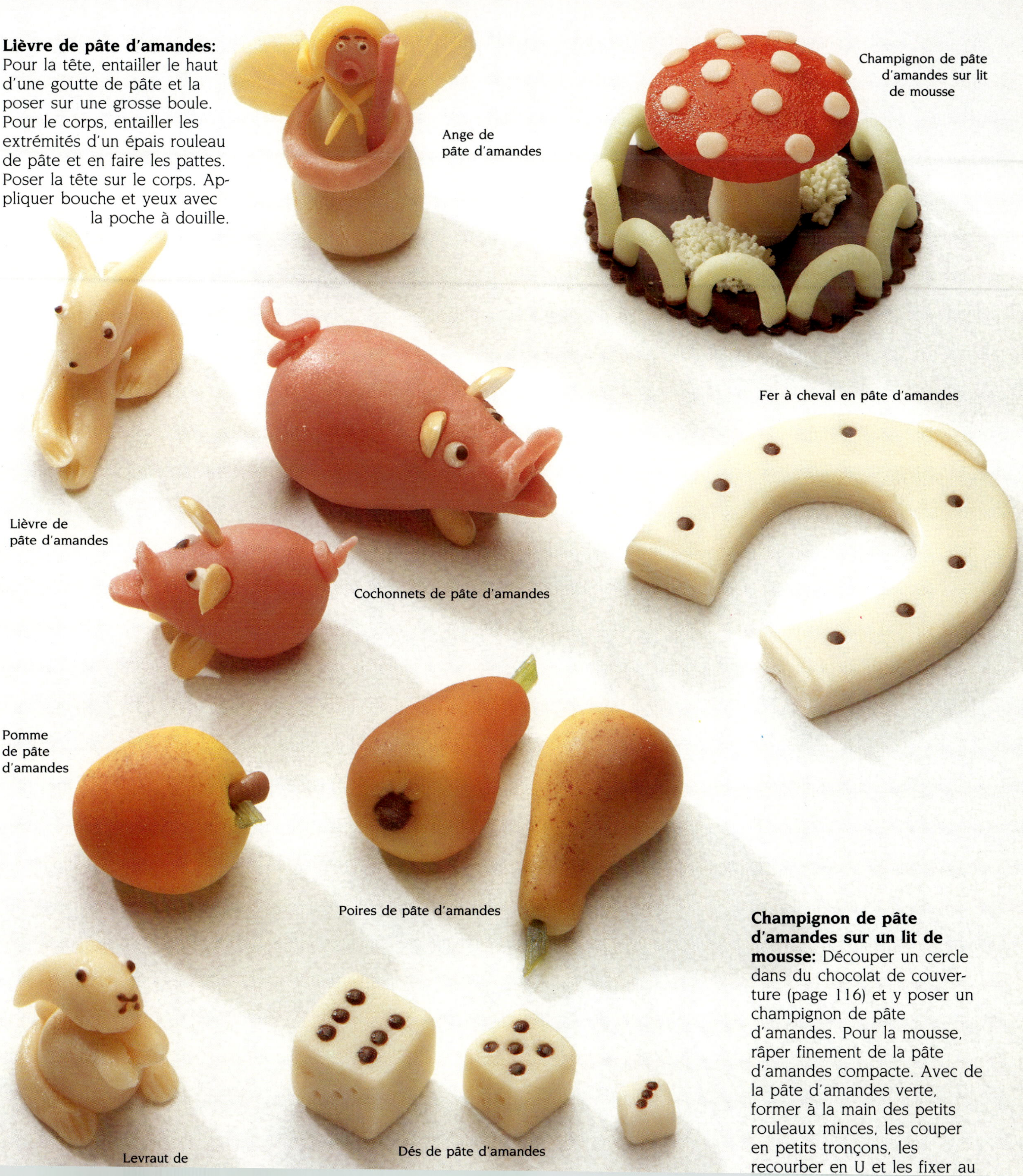

Ange de pâte d'amandes

Champignon de pâte d'amandes sur lit de mousse

Fer à cheval en pâte d'amandes

Lièvre de pâte d'amandes

Cochonnets de pâte d'amandes

Pomme de pâte d'amandes

Poires de pâte d'amandes

Levraut de

Dés de pâte d'amandes

Champignon de pâte d'amandes sur un lit de mousse: Découper un cercle dans du chocolat de couverture (page 116) et y poser un champignon de pâte d'amandes. Pour la mousse, râper finement de la pâte d'amandes compacte. Avec de la pâte d'amandes verte, former à la main des petits rouleaux minces, les couper en petits tronçons, les recourber en U et les fixer au

Chocolat de couverture

Etendre le chocolat de couverture
Verser un peu de chocolat de couverture à bonne température (page 110) sur une feuille lisse de papier parchemin et, avec un large couteau ou une spatule, l'étendre en une couche de 2 à 3 mm d'épaisseur. Laisser durcir un peu, mais pas trop, pour que le chocolat ne se brise pas au moment d'être coupé.

Couper la couverture au couteau et à l'emporte-pièce
Etendre le chocolat comme indiqué ci-dessus. Puis tremper un grand couteau brièvement dans l'eau chaude et couper diverses formes (triangles, carrés ou rectangles) dans le chocolat (1). Faire durcir un peu la couverture dans un endroit frais, puis, la détacher du papier avec un couteau large et la laisser complètement se solidifier sur un autre papier. Pour découper diverses formes (2) à l'emporte-pièce; tremper aussi les emporte-pièce à l'eau chaude avant usage.

Bâtonnets en chocolat de couverture
Etendre finement le chocolat de couverture avec une spatule ou un couteau large sur une plaque de marbre. Pour le travailler, il doit être à moitié durci. Passer la lame plate d'une spatule au bord de la couche de chocolat et la faire glisser de 2 à 3 cm sous le chocolat. En glissant, la spatule détache de fins bâtonnets de chocolat (3).

Eventail en chocolat de couverture
Passer la lame plate d'une spatule au bord de la couche de chocolat (voir ci-dessus). Glisser la spatule de 2 à 3 cm sous le chocolat, mais maintenir en même temps d'un doigt une des extrémités du chocolat qui se plisse. Former ainsi un éventail (4).

Feuilles de chocolat
Tenir, à disposition, du chocolat de couverture à bonne température (page 110) dans une coupe. Bien laver et essuyer de petites feuilles lisses avec leur queue (feuilles de rose, de bouleau, etc.). Tenir les feuilles par la queue et les poser bien à plat à la surface du chocolat. Essuyer le chocolat superflu des feuilles sur le bord de la coupe et poser les feuilles, du côté non chocolaté, sur du papier parchemin. Faire complètement durcir l'enduit de chocolat des feuilles dans un lieu frais, puis retirer délicatement les feuilles du chocolat (5).

Tartelettes de chocolat
Bien laver et essuyer un petit moule en métal et le mettre au frais. Le remplir ensuite jusqu'au bord de chocolat de couverture. Oter au couteau le chocolat superflu sur le bord du moule. Mettre le moule au réfrigérateur, jusqu'à ce que la couche de chocolat soit dure (6). Puis détacher délicatement la tartelette du moule et la garnir selon les goûts.

Décoration de découpes de chocolat de couverture: Composer une décoration à partir de diverses découpes de chocolat et de pâte d'amandes (page 112) à l'emporte-pièce.

Petites boîtes en chocolat: Pour chaque petite boîte, découper trois carrés (3 cm de côté) de chocolat noir amer de couverture et deux carrés (3 cm de côté) de chocolat blanc. Former une boîte avec ces carrés, les faire tenir ensemble par un glaçage au sucre (page 120) et laisser durcir. Puis emplir les boîtes de crème, décorer d'un morceau de fraise et d'une feuille de citronnelle.

Chocolat de couverture

Fabriquer et emplir une poche en papier
Plier en diagonale un carré de 15 cm de côté de papier parchemin et couper la pliure au couteau. Pour fabriquer une poche, on utilise un des deux triangles (1). En partant d'une pointe du triangle, former un cornet (2), dont l'extrémité soit fermée (3). Faire entrer le cornet par la pointe dans le goulot d'une bouteille, pour qu'il soit stable, et l'emplir à moitié de chocolat de couverture. Rabattre le bord supérieur du cornet ainsi que les coins et enrouler lentement le cornet vers le bas (5), pour exercer une légère pression sur le chocolat à l'intérieur.

Appliquer des décorations en filigrane
Dessiner au feutre, sur une feuille de papier blanc, les motifs à appliquer et poser sur la feuille du papier-calque lisse (4). Emplir une poche en papier de chocolat de couverture comme indiqué ci-dessus et avec des ciseaux couper la pointe de la poche à la dimension voulue (5). Si l'on coupe beaucoup, le trou est grand, si l'on coupe peu, le trou est en rapport et la décoration appliquée d'autant plus fine. Tenir la poche de papier de la main gauche et la presser légèrement de la main droite, puis, en suivant les dessins, appliquer les motifs sur le papier-calque, si possible d'une main sûre en exerçant une pression régulière. Ne pas tenir la poche trop près du papier-calque, sinon il est difficile de voir ce que l'on fait.

1

2

3

4

5

Laisser complètement refroidir les décorations au frais, puis les détacher délicatement du papier avec un couteau pointu. Ces ornements en filigrane peuvent se préparer quelques jours avant leur utilisation (pour petits fours frais, gâteaux, desserts, etc). On peut les conserver entre des petites feuilles de papier-calque, bien fermés dans une boîte en plastique, à 10-15 °C, de 3 à 4 semaines.

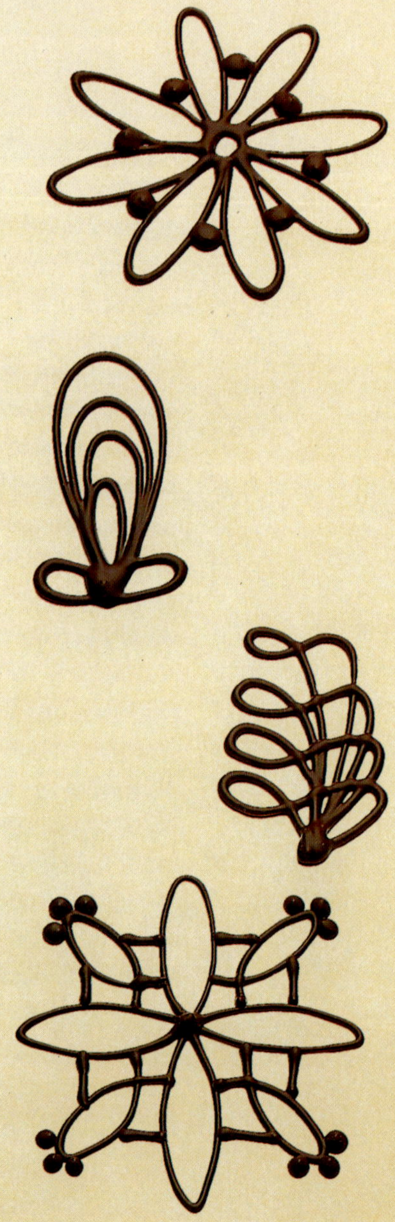

Sucre glace, cacao, crème au beurre et glaçage au sucre

Sucre glace

Le sucre glace ou poussière de sucre peut tout simplement donner de l'éclat au moindre gâteau unicolore. Les gâteaux sont particulièrement beaux, quand le sucre glace est saupoudré à l'aide de pochoirs.

Cacao

Le cacao convient bien aussi sur les gâteaux. Mais il faut toujours utiliser du cacao véritable et pas de l'instantané. On le saupoudre aussi, comme le sucre, avec un tamis.

Crème au beurre

La crème au beurre sert surtout à recouvrir de beaux gâteaux, à garnir et décorer. Il est important que son goût s'harmonise au gâteau et qu'elle se laisse facilement travailler. Voici une recette de base de crème au beurre française: Mettre 3 œufs entiers et 4 jaunes d'œufs dans un récipient allant au feu. Ajouter 150 g de sucre et un paquet de sucre vanillé, mettre sur feu doux et tourner sans arrêt, pour former une crème épaisse. Retirer le récipient du feu, et tourner la crème, jusqu'à ce qu'elle soit froide. Battre au fouet à main 350 g de beurre en une crème blanche et mousseuse et y incorporer la crème aux œufs. L'effet des décorations appliquées est plus joli, si les crèmes sont de différentes couleurs. Pour ce faire, partager la crème de base et colorer. Pour de la crème marron, on se sert de cacao finement tamisé et de sucre, pour de la crème multicolore, de purée de fruits passée. Mais attention, incorporer les ajouts de fruits et d'alcools (spiritueux, liqueurs) à la crème en petites quantités, pour qu'elle ne devienne pas liquide.

Glaçage au sucre

On l'utilise en couverture de gâteaux de fête ou de petits fours frais. Le glaçage ne confère pas seulement un air de fête à la pâtisserie, il la protège aussi du dessèchement. Le glaçage se prépare de différentes façons, la plus simple se faisant à partir de fondant (on peut l'acheter chez le pâtissier). Pour un gâteau de taille normale, il faut un pain de fondant de 250 g. On le chauffe à 30°C maximum au bain-marie chaud. On peut aussi affiner avec un peu de jus de citron ou de liqueur. Pour colorer, on utilise par exemple du safran (jaune), du café soluble (brun) et du jus de betterave rouge (rose). Mais on obtient aussi de jolis effets avec des colorants alimentaires. Pour faire soi-même son pain de glaçage, il faut mélanger 200 g de sucre glace finement tamisé avec 2 ou 3 cuillères à soupe d'eau bouillante ou un blanc d'œuf (le glaçage a ensuite plus de brillant). Il faut tamiser une fois encore cette masse pour qu'elle n'ait aucun grumeau. On peut aussi la colorer selon les goûts.

Sucre glace et cacao

Fabriquer des pochoirs
Les gâteaux recouverts de crème au beurre, claire ou foncée, de chantilly ou de chocolat de couverture, peuvent prendre un éclat particulier grâce à du sucre glace ou du cacao, un tamis fin et des pochoirs faits main. Les pochoirs doivent toujours être découpés dans du papier kraft (1), qui ne risque pas de plier facilement ni d'abîmer le motif. Sur les petits pochoirs, il est important de prévoir des poignées pour les soulever. Pour cela, plier dans la largeur une longue bande (10 cm) étroite de papier, replier les deux extrémités vers l'extérieur sur une même largeur (2) et coller bien au centre du pochoir (3), pour éviter un déséquilibre. Par mesure de sécurité, on colle deux poignées face à face sur les pochoirs plus importants.

Motif rayé et motif grillagé
Le plus simple est de fabriquer des motifs dans des bandes de papier de 6 à 8 cm de largeur, qui, en longueur, doivent dépasser le gâteau à décorer de 10 cm. Une poignée n'est pas nécessaire. Poser les bandes de papier soit parallèles, soit en croix, et les faire dépasser du gâteau de 5 cm. Selon la couleur du gâteau, saupoudrer toute la surface soit de sucre glace, soit de cacao tamisé. Puis prendre avec la main chaque bande de papier séparément par son extrémité et la soulever avec précaution à la verticale.

Motif en éventail
Découper un pochoir en papier cartonné selon la photo 4. Puis le poser sur un gâteau rond et saupoudrer. Soulever ensuite avec précaution le pochoir.

Gâteau carré et motif grillagé: Poser sur un gâteau carré nappé de chocolat de nombreuses bandes de papier étroites à "fenêtre". Saupoudrer le gâteau de sucre glace et enlever délicatement chaque bande de papier séparément.

Gâteau en cœur et motif en pomme d'amour: Découper une pomme dans du papier kraft ou cartonné et y coller une poignée au centre. Poser le pochoir sur un gâteau en cœur, garni de crème au beurre (page 120). Avec un tamis, saupoudrer de cacao et soulever délicatement le pochoir. Décorer le bas du gâteau et la pomme de pâte d'amandes rose (page 110). Entourer le bord supérieur du gâteau de touffes de crème au beurre marron (page 120) et décorer le gâteau de fleurs en sucre et de pistaches.

Gâteau à motif en étoile: Poser un cercle de papier cartonné (30 cm de diamètre) évidé en étoile sur un gâteau en robe de pâte d'amandes (page 128) et saupoudrer de cacao. Soulever le papier. Tenir un cercle de papier (30 cm de diamètre) évidé en une étoile plus petite, juste au-dessus du gâteau (mais il ne doit pas le toucher) et saupoudrer de sucre glace. Décorer le bord du gâteau de motifs en chocolat liquide (page 118).

Gâteau à motif en étoile

Gâteau carré
et motif grillagé

Gâteau en cœur et
motif en pomme d'amour

Crème au beurre

On peut décorer avec beaucoup de fantaisie des petits fours frais ou des gâteaux entiers avec des motifs de crème au beurre appliqués ou de la crème chantilly. Pour cela, il faut une poche à douilles diverses (variables avec les motifs) et une main sûre. Plus l'ouverture de la douille est fine, plus fin est le motif appliqué.

Appliquer des motifs
Equiper la poche en toile de la douille désirée, emplir à moitié la poche de crème (page 120) et fermer le haut en tournant (1). Prendre la poche de la main gauche et avancer de cette main. Tenir la poche fermée de la main droite et la presser légèrement, pour que la crème sorte avec régularité. Appliquer les motifs avec des mouvements réguliers, non saccadés. Les débutants doivent d'abord appliquer les motifs, une première fois, sur une feuille d'aluminium (2), avant de s'essayer sur un gâteau. On peut réutiliser la crème de l'alu pour l'appliquer ailleurs.

Pois
Avec une douille à trou, appliquer un pois. Quand il a atteint la taille voulue, ne plus faire sortir de crème de la douille, relever cette dernière à la verticale (3). On peut aussi former une chaîne de pois (4).

Etoiles
Au moyen d'une douille en étoile appliquer une étoile. Quand elle a la taille voulue, relever la douille vers le haut et cesser alors d'injecter de la crème (5). On peut également former une chaîne d'étoiles (6).

Cocardes
Avec une douille en étoile, appliquer une cocarde en tournant puis par une légère rotation relever la douille vers le haut (7). Les grosses cocardes peuvent être décorées de cerises, baies ou grains de café au chocolat. Plusieurs cocardes forment un bracelet (8). On peut aussi les appliquer avec une douille à trou.

Ondulations
Appliquer une courte bande en soulevant un peu la douille en étoile vers le haut. Puis en pressant constamment la poche, tirer la douille vers le bas (9). Si on poursuit ce mouvement ondulatoire, on obtient une chaîne ondulée (10). On peut aussi l'appliquer avec une douille à trou.

Gâteau à la crème au beurre
et motif de rayures

Gâteau à la crème au beurre
marron et cœurs en
crème au beurre

Gâteau à la crème au beurre marron
et cygnes en crème au beurre

Gâteau rond à la pâte d'amandes

Glaçage au sucre et manteau de pâte d'amandes

Etaler le glaçage au sucre
On dépose le glaçage au sucre sur la surface lisse des gâteaux avec un couteau large passé à l'eau chaude ou une palette. Sur les petits fours frais et sur les gâteaux hauts, on l'étale avec un pinceau. Les gâteaux de soirée peuvent être aussi entièrement plongés dans le glaçage (pour ce faire, les piquer sur une fourchette) et les laisser sécher ensuite sur une grille.

Motif de rayures en glaçage au sucre
Recouvrir le gâteau de glaçage au sucre clair (page 120) et parfumé au rhum. Le glaçage doit encore être mou. Appliquer un glaçage marron (coloré au café) avec une poche en papier (page 118) en lignes parallèles sur le glaçage clair encore mou. Puis avec un couteau, en angle droit avec les lignes marron, tracer, de haut en bas, puis de bas en haut, des lignes parallèles à travers le glaçage (1).

1

2

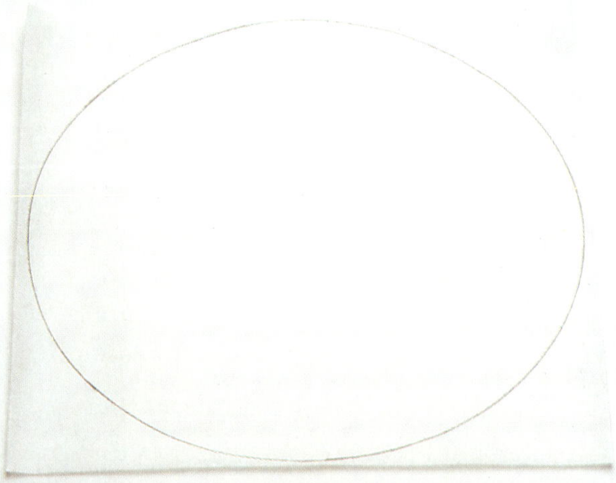

3

Petits fours frais ronds:
Recouvrir les petits fours de glaçage au sucre et quand ils sont secs les décorer d'une fleur de pâte d'amandes, de bâtonnets d'angélique, de gelée de groseille et d'appliques de chocolat.

Petits fours frais en losange: Recouvrir les petits fours de glaçage au sucre (coloré avec du jus de betterave rouge) et, après séchage, les garnir de bâtonnets d'angélique, de gelée de groseille et d'appliques de chocolat.

Manteau de pâte d'amandes pour gâteau rond
Pour déguiser un gâteau rond, couper un pochoir rond dans du papier, de dimension supérieure à celle du gâteau, soit le diamètre du gâteau plus deux fois sa hauteur (2). Ainsi le gâteau sera entièrement recouvert de pâte d'amandes. Pour un gâteau de 26 cm de diamètre et 5 cm de haut, on a besoin d'un pain de pâte d'amandes de 250 g. Lier la pâte d'amandes brute avec 125 g de sucre glace, puis, avec un rouleau à pâtisserie, étendre la pâte finement en cercle. Y poser le pochoir et découper un cercle de pâte d'amandes au couteau. Déposer avec précaution le manteau de pâte d'amandes sur le gâteau et appuyer légèrement sur le dessus (3). Puis bien appuyer sur les bords jusqu'au bas du gâteau, afin que celui-ci soit complètement habillé.

Petits fours frais ronds

Losanges de petits fours frais

Gâteau en forme de cœur

Gâteau en forme de cœur: Envelopper le gâteau en cœur de pâte d'amandes liée (page 110). Pour cela, faire un pochoir en cœur pour la surface et un autre en ruban pour le contour. Avec les pochoirs, découper de la pâte d'amandes étendue en couche fine. Poser d'abord le couvercle en cœur sur le dessus, puis le ruban sur le contour. Bien appuyer et accoler les bords. Poser un autre cœur de pâte d'amandes, plus petit, sur le gâteau et décorer de perles d'argent, de fleurs en sucre, de cornets de pâte d'amandes (page 112) et d'applications de chocolat (page 118).

Gâteau rond et glaçage au sucre en éventail: Décorer le gâteau comme indiqué sur la photo 1 de droite, mais au lieu de tracer des lignes parallèles au couteau, former un éventail. Orner le gâteau de petites feuilles (page 112) et de roses en pâte d'amandes. Pour une rose, appliquer sur une poire de pâte d'amandes plusieurs ronds de pâte d'amandes extrêmement fins, de haut en bas en les faisant toujours se chevaucher un peu comme des pétales. Puis couper la base et poser la rose sur le gâteau.

Gâteau rond et motif à rayures

Gâteau rond et motif à rayures: Décorer le gâteau comme sur la photo 1 de la page de gauche et le garnir d'un cornet de pâte d'amandes.

Gâteau rond et glaçage au sucre en éventail

DÉCORATIONS D'ASSIETTES, DE PLATS ET DE VERRES

Les petits desserts, comme boules de glace, tranches de parfait, soufflés aux fruits, etc, peuvent être très joliment présentés sur une assiette, quand celle-ci a été préalablement saupoudrée de sucre glace ou de cacao, à l'aide de pochoirs et d'un petit tamis fin. On se sert aussi de cette technique pour décorer les gâteaux (page 122). Pour des motifs en sucre glace, il faut choisir des assiettes foncées, pour des motifs en cacao des assiettes claires. Les assiettes doivent être grandes, autant que possible, et avoir un bord plat (de préférence sans décoration). Avec cette technique, il est important que seule une partie du bord soit saupoudrée, sinon, en portant l'assiette, on efface le motif. Il vaut donc mieux laisser au moins un coin ou plutôt la moitié du rebord vide.

Décorations d'assiettes avec du sucre glace et du cacao

1

2

3

Petits pochoirs
Dessiner la forme désirée sur du papier blanc, solide et la découper (par exemple une étoile). Puis découper le reste de la feuille de papier en chausse-pied, pour pouvoir soulever le pochoir après usage, avec un long manche (1).

Grands pochoirs
Lorsqu'on saupoudre une assiette, les grands pochoirs (2) la recouvrent entièrement. Le motif se trouve le plus souvent au centre de l'assiette, là où sera reposé le dessert plus tard. Ces pochoirs-là n'ont pas besoin de manche. Pour les soulever, on les attrape par deux bouts opposés et on les remonte avec précaution.

Motifs à rayures
Découper un pochoir, semblable à celui de la photo 3, dans du papier cartonné, le poser sur l'assiette et saupoudrer de cacao.

Assiette étoilée

Assiette avec verre de champagne et étoiles

Motif de fleur

Motif à rayures

Motif de gouttelettes

Assiette avec verre de champagne et étoiles: Saupoudrer des étoiles de cacao d'après la technique citée plus haut (photo 1) sur une assiette. Pour le verre de champagne, fabriquer un pochoir, comme indiqué en 1, et saupoudrer l'assiette de cacao. A l'aide d'une cuillère, saupoudrer de sucre glace l'intérieur du verre, avec précaution. Rectifier éventuellement les bords irréguliers du verre avec un couteau.

Motif de la fleur sur assiette: Procéder comme indiqué sur la photo 2.

Motif de gouttelettes sur assiette: Procéder comme indiqué sur la photo 1.

Assiette étoilée: Procéder comme indiqué sur la photo 1.

Miroirs de sauces délicats

Les desserts, comme parfaits, soufflés aux fruits, crèmes renversées, glaces ou terrines sucrées, sont deux fois plus beaux, si on les dispose sur un miroir de sauce alléchant. Pour la bonne réussite d'un miroir, on a seulement besoin d'une grande assiette plate unie, de sauces de dessert à deux ou trois couleurs en harmonie ainsi que d'une main sûre. Selon la forme du miroir de sauce, on dispose le dessert, soit sur la partie vide de l'assiette, soit au centre du miroir.

SAUCE A LA VANILLE

Pour 4 assiettes

¼ de gousse de vanille

¼ l de lait

1 c. à s. de sucre

1 c. à c. ½ de fécule

1 jaune d'œuf

1. Fendre la gousse de vanille. Prélever 2 cuillères à soupe de lait et les verser dans un petit bol. Porter le reste du lait, le sucre et la gousse de vanille à ébullition.
2. Entre-temps, dans le bol, battre la fécule avec le lait et le jaune d'œuf. Oter la gousse de vanille du lait bouillant et, avec un couteau, gratter l'intérieur de la gousse au-dessus du lait.
3. Tout en tournant, ajouter la fécule délayée au lait et laisser bouillir, jusqu'à ce que la sauce ait du liant. Puis faire refroidir la sauce dans une coupe, en la tournant.

Préparation: env. 20 minutes

SAUCE AU CHOCOLAT

Pour 4 assiettes

¼ de gousse de vanille

250 g de crème liquide

1 c. à s. de miel

100 g de chocolat
de couverture noir amer

1. Fendre la gousse de vanille et, avec le lait et le miel, porter à ébullition. Puis ôter la gousse de vanille et en gratter l'intérieur sur la crème. Oter la casserole du feu.
2. Casser grossièrement le chocolat et le faire fondre au bain-marie. Incorporer la crème encore chaude au chocolat, par petites portions, et mélanger le tout pour obtenir une sauce uniformément marron.

Préparation: env. 20 minutes

SAUCE AUX FRAISES

Pour 4 assiettes

250 g de fraises mûres

4 c. à s. de sucre

Zeste de ½ orange non traitée

2 cl de rhum blanc

1. Laver les fraises et les réduire en purée au mixer. Puis les passer au tamis.
2. Faire bouillir le sucre avec 60 ml d'eau. Ajouter le zeste d'orange et faire réduire le tout de moitié.
3. Ajouter le rhum et laisser refroidir le mélange dans une coupe. Bien mélanger ensuite à la purée de fraises.

Variante
Pour une sauce au kiwi remplacer les fraises par des kiwis.

Préparation: env. 20 minutes

1

2

3

4

5

6

Motifs de lignes
Verser un miroir de sauce vanille sur une assiette. Avec une poche à douille à trou, tracer, à distance de 2 cm, en alternant, des lignes de sauce aux fraises et de sauce au kiwi, sur le miroir de vanille (1). Avec un couteau, perpendiculairement aux lignes de sauces, tracer en alternant de droite à gauche et de gauche à droite, de fines lignes sur toute l'assiette (2). Au centre de l'assiette, poser une tranche de parfait ou un dessert rond (du soufflé aux fruits, par exemple).

Motifs de cœurs
Verser un miroir de sauce au chocolat sur une assiette. A environ 2 cm du bord, appliquer un cercle de pois en sauce à la vanille avec une poche (3). Avec un couteau, tracer un cercle au milieu des pois (4). Au centre de l'assiette poser un dessert rond (une crème renversée, par exemple) et le décorer éventuellement de feuilles de fines herbes.

Motif en éventail
Verser quatre demi-cercles de sauce à la vanille sur une assiette, à une distance de 1 cm les uns des autres. Verser trois demi-cercles de sauce aux fraises dans les intervalles (5). Avec un couteau, en allant du bord de l'assiette au centre et inversement, tracer des lignes (6). Poser un dessert rond (un parfait, par exemple) sur la partie vide de l'assiette et décorer de fines herbes ou de quartiers de fruits.

Amuse-gueule en décoration d'assiettes

Un repas bien présenté, servi directement sur l'assiette, n'est pas seulement un plaisir pour l'œil, il incite aussi à la dégustation. Quelques règles de base sont pourtant indispensables dans la décoration d'assiettes: les principaux composants du plat forment le point central sur l'assiette. On arrange la décoration autour de lui; elle doit se marier aussi bien en goût qu'en couleurs au plat. En règle générale, les plats chauds sont servis sur des assiettes préchauffées. Pour ces plats-là, on n'emploie donc jamais de feuilles de salade ni d'autres garnitures, qui deviendraient vite peu esthétiques sous l'effet de la chaleur. On dispose la salade, en général, au centre de l'assiette. Les autres entrées, comme terrines ou pâtés, peuvent être aussi bien au centre de l'assiette que disposées de façon asymétrique. Les mêmes règles valent pour les plats principaux, mais il est toujours possible de choisir une façon de faire plus originale. Certains éléments d'un plat, comme les accompagnements par exemple, doivent toujours être présentés à une certaine distance les uns des autres, afin que les sauces ne se mélangent pas. La devise "le moins peut le plus" est la règle de base en matière de décoration d'assiettes, car, si une assiette est surchargée, la décoration manque son but.

Assiette du bas: Rouleaux de limande (recette page 106) accompagnés de barques de courgette, de fond d'artichaut (page 37) garni de salade de légumes (page 39) et d'une décoration de blanc d'œuf (page 85).

Assiette du haut: Rose-tomate (page 28) et pipe de fenouil sur socle de concombre (page 40). Convient au porc fumé, au rosbif et au rôti de veau.

Assiette du milieu: Moulin poire-kiwi (page 63) et papillon de pomme (page 61). Conviennent au pâté de gibier et terrine de volaille.

Assiette du bas: Tourelle de concombre à la crème au curry (page 41) et fleur d'œuf (page 85). Conviennent aux poissons et crustacés.

Décorations de plats

Terrine de limande sur plat ovale: Couper à moitié la roulade de limande et poser les tranches au centre du miroir de gelée à l'aneth (page 90) versé sur le plat. Décorer de rosettes de saumon, de filets de limette (page 74) et de découpes de légumes. Disposer tout autour des nids d'œufs de caille (page 87), des œufs garnis (page 86), des tomates-cerises ornées d'olives et des tasses en œuf (page 87).

Comme pour les assiettes, le plaisir de l'œil joue aussi un rôle important pour les plats froids. Le plus souvent, un plat décoré se compose du mets principal (des tranches de rôti ou de poisson, par exemple) et de petites garnitures assorties, aussi appétissantes que colorées. Le mets principal doit, autant que possible, être correctement présenté (veiller à poser les tranches à égale distance les unes des autres), il est alors, déjà à lui seul, plaisant à voir. En général, on le dispose au centre du plat et les garnitures tout autour.

Terrine de râble de lapin sur plat rectangulaire:
Couper la terrine et poser les tranches au centre d'un plat couvert d'un miroir de gelée (page 90). Entourer de découpes de légumes, d'une tête de champignon cannelé sur lit de courgette en étoile (page 53). Orner le plat de morilles farcies (page 53), de tomates-corbeilles farcies (page 30), de couronnes de tomates farcies (page 30), de concombre-corbeille à la ratatouille (page 41) et de frises de concombre garnies.

Les plats une fois garnis peuvent être recouverts de film transparent et mis au réfrigérateur ou dans une pièce non chauffée, jusqu'au moment de les servir. Afin que le film transparent ne soit pas en contact avec la nourriture, on enfonce quelques cure-dents dans différentes garnitures et on pose le film transparent seulement après, pardessus. Ne pas utiliser de papier alu pour couvrir les aliments, car l'acidité de certains aliments peut l'oxyder.

Tranches de truite saumonée farcies sur plat ovale: Couper en tranches le milieu de la truite et les disposer de façon asymétrique sur le miroir de gelée (page 90) du plat. Entourer la partie non coupée du poisson de tomates-cerises à la crème de jaune d'œuf (page 30), de découpes de légumes et de crevettes de cocktail. Décorer le plat de tourelles de concombre à la crème au curry (page 41), de roses de tomate sur canapés (page 30) et d'une demi-tomate à l'aspic

Poitrine de dinde farcie sur plat rectangulaire (ci-dessous): Découper la poitrine aux deux tiers et la poser en diagonale sur le miroir de gelée (page 90) du plat. Décorer la partie non coupée de demi-tomates et de champignons cannelés (page 52). A côté de la viande, disposer du concombre avec des pipes de fenouil (page 40), des tourelles de pomme avec des boules de melon (page 59), des cygnes de pomme sur lit de poire (page 61), des tranches d'orange avec des pommes miniatures (page 61), des morceaux d'ananas garnis (page 67) et des ailes de pomme (page 60).

Avant de les garnir, il faut recouvrir les plats d'argent d'un miroir de gelée qui les protège d'éventuelles rayures. La façon de procéder se trouve à la page 91.

Rôti de porc en manteau de fines herbes sur plat rectangulaire (à droite): Couper le rôti aux trois quarts et poser les tranches au centre du miroir de gelée (page 90) du plat. Orner le morceau non coupé de pétales de carotte, de raifort et autres légumes (page 46). Entourer les tranches de viande de barques de courgette à la salade de légumes (page 39), de tranches d'avocat à la crème au jaune d'œuf (page 35), de pétales de carotte sur fond d'artichaut (page 47), de fleurs de radis roses sur canapé, de savarin de pommes de terre (page 51) et de barques de concombre à la crème au roquefort (page 41).

Décorations de verres

Bord de verre salé ou sucré
Mettre un peu de sel ou de sucre dans une petite soucoupe plate. Fendre une rondelle de citron de la largeur du bord de verre à sucrer ou saler et, avec le citron fendu, faire le tour du verre (1). Retirer la rondelle de citron. On peut aussi plonger le bord du verre dans du jus de citron et ensuite le passer dans du sel ou du sucre. Secouer légèrement le verre pour ôter le superflu et laisser sécher. On obtient des bords de verres sucrés et colorés (3), lorsqu'on trempe le bord du verre d'abord dans une liqueur de couleur (du curaçao bleu, par exemple) et ensuite dans le sucre. On peut aussi mouiller le sucre de liqueur et y passer le bord du verre (2), après l'avoir citronné.

Hexagone de citron
Entailler six fois la peau d'une rondelle de citron fine pour former un hexagone (4). Fendre ensuite celui-ci en un seul endroit, jusqu'au milieu, et faire tenir sur le bord du verre.

1

2

3

4

5

6

Brochette
Enfiler de petits morceaux ou des tranches de fruits sur une petite pique et la déposer sur le bord du verre. Mettre de plus grosses brochettes directement dans le verre.

Spirale de peau d'agrume
Avec un couteau à canneler, former une longue spirale dans la peau d'un agrume (orange, citron ou limette) (5). Pour une spirale plus large, éplucher la peau en spirale avec un petit couteau. Suspendre un bout de la spirale dans le verre et laisser pendre le reste jusqu'au pied du verre, où on peut l'enrouler.

Tranches de fruits
Pour suspendre des tranches de fruits au bord d'un verre, les fendre en un seul endroit, jusqu'au milieu de la tranche (6).

Sur la photo à droite:
1. Cerise de cocktail sur une pique et hexagone de citron
2. Rondelle de limette, spirale de peau de limette et cerise de cocktail
3. Demi-rondelle d'orange, spirale de peau de limette et tranche de carambole
4. Quart de tranche d'ananas et pique avec deux cerises de cocktail
5. Rondelle de limette et brin de menthe
6. Demi-rondelle d'orange, feuille d'ananas et longue spirale de peau d'orange
7. Quart de tranche d'ananas, cerise de cocktail sur une pique et brin de menthe
8. Quartier de melon et fleur de lis

1
2
3
4
5

PARTY

DÉCORATIONS POUR GRANDES OCCASIONS

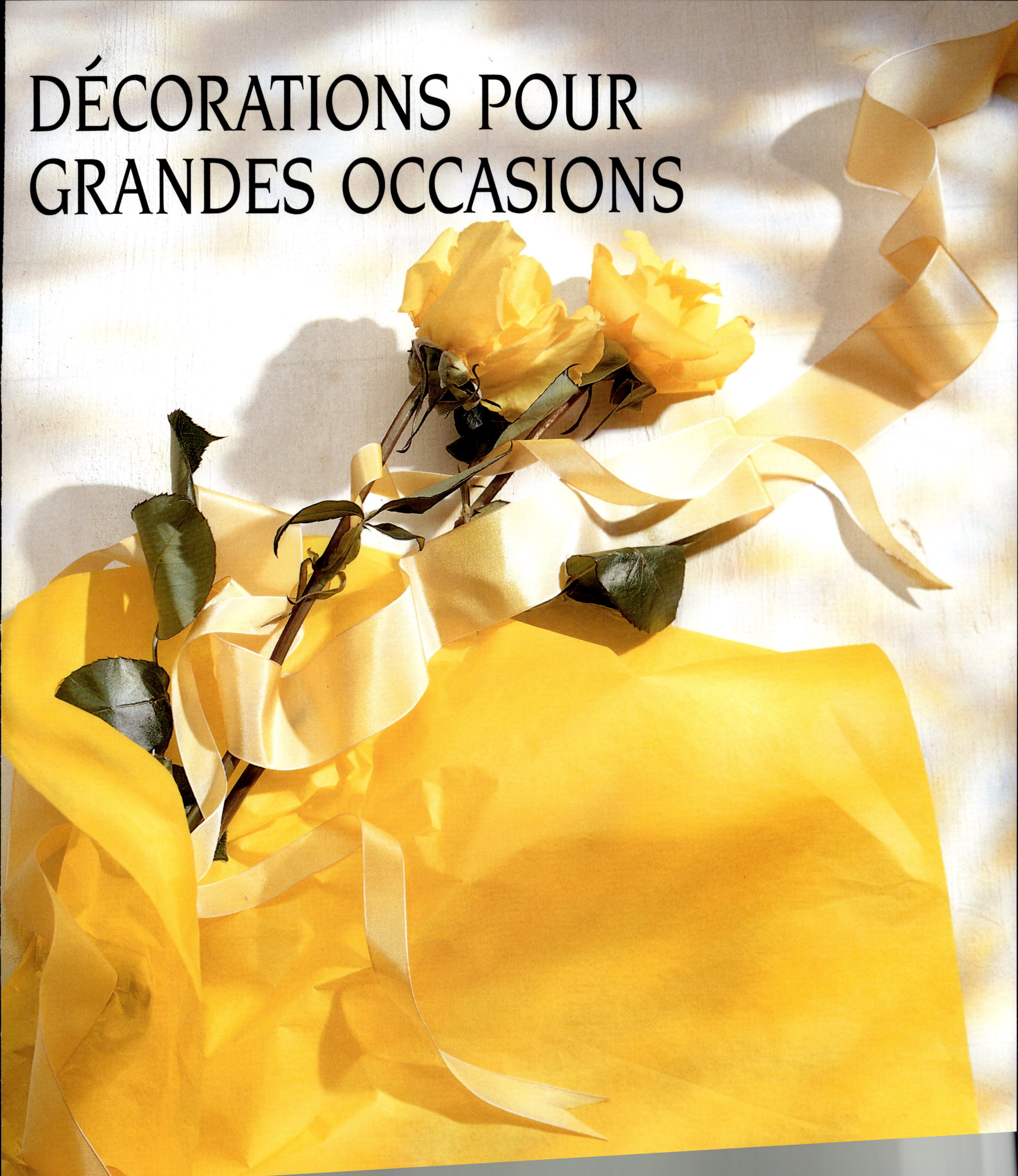

Anniversaire

Un goûter autour d'une tasse de café est de tradition pour fêter un anniversaire. Il réunit presque toujours parents et amis dans une ambiance intime.
Dressez la table en conséquence avec une nappe raffinée et de la vaisselle choisie. Avec quelques rubans de tissu, des bougies et un splendide bouquet de fleurs, vous obtenez, à peu de frais, une table de fête. Si on le désire, on peut décorer la place de la personne dont c'est l'anniversaire d'une fleur ou d'un petit présent.
En plus du café et de différents petits gâteaux, le gâteau d'anniversaire doit naturellement être le point de mire de la table. Décorez-le simplement de pâte d'amandes, de crème fraîche ou de crème au beurre. On peut aussi l'orner de bougies, qui seront soufflées plus tard. Le souhait formulé en soufflant les bougies ne doit, bien sûr, pas être dévoilé. Le gâteau en forme de cœur qui apparaît sur la photo de droite, n'est là que pour montrer les décorations détaillées aux pages 122 à 129, mais vous pouvez aussi en orner votre gâteau préféré. Les petits fours frais (page 129) sont une idée astucieuse pour une table d'anniversaire: on y applique des lettres de l'alphabet avec du chocolat de couverture (page 119). Si on les dispose en ordre, on peut lire "happy birthday". En outre, ces petits fours peuvent faire l'objet d'un cadeau pour la personne qui fête son anniversaire. Elle doit alors, comme pour un puzzle, reconstituer les mots.

HAPPY BIRTHDAY

Anniversaire d'enfant

Plus le "grand jour" approche et plus l'excitation grandit, chez l'enfant dont c'est l'anniversaire. Tous les copains et copines sont invités et la petite fête se doit d'être tout à fait unique. La décoration d'une pièce pour un anniversaire d'enfant doit être gaie, colorée et propice aux jeux. Mettez une nappe de couleur vive et peu fragile, ou de la toile cirée de couleur ou encore une nappe en papier colorée. Sur la table, la décoration doit être tout aussi gaie, bien entendu. Ornez-la de serpentins multicolores, de bonbons et autres douceurs et de minuscules petits paquets cadeaux pour les invités.

Le "must" absolu d'un goûter d'anniversaire est le gros gâteau avec ses bougies. Le rigolo gâteau du clown fait certainement battre plus fort le cœur de nombre d'enfants. Voici comment le préparer: recouvrir un gâteau carré de chocolat de couverture au lait. Sur le dessus, poser un carré et une bande étroite de pâte d'amandes (page 112). Le visage du clown, le souhait et les enjolivures sont appliqués ensuite avec du chocolat et du glaçage au sucre (page 118). Peindre le clown, à l'aide d'un pinceau, avec du colorant alimentaire liquide ou de la glace colorée. Puis piquer les bougies dans le gâteau. En plus du gâteau d'anniversaire, il faut bien sûr d'autres gâteaux sur la table du goûter, comme par exemple une tarte aux fruits. Les beignets fourrés sont une idée originale; ils sont non seulement bons au goûter mais aussi en dessert. On pose un emporte-pièce rond, de taille moyenne sur un beignet, on appuie, on enlève l'emporte-pièce et on évide le beignet avec une cuillère. On fourre le gâteau soit avec de la mousse au chocolat (faite à la maison ou achetée), soit avec de la crème chantilly, à l'aide d'une poche à douille en étoile.

Au cas où le goûter se prolongerait jusqu'en début de soirée, un petit dîner s'impose. On peut alors proposer tout ce dont les enfants raffolent, à commencer par des hamburgers faits à la maison en passant par les spaghettis à la sauce tomate jusqu'à un petit buffet froid avec salades variées, boulettes de viande et petits pains. Pour tous ceux qui veulent décorer la table du buffet le plus joliment possible, le bouquet de petits pains multicolore convient tout à fait. On le confectionne selon les indications de la page 95, en remplaçant fleurs et feuilles par de petits jouets et des rubans, que l'on attache sur du fil de fer. La corolle en accordéon autour du bouquet est réalisée en papier glacé de couleur ou en papier à dessin.

HAPPY BIRTHDAY!

Mardi gras

Qui n'a pas eu envie, ne serait-ce qu'une fois, de se déguiser, en clown ou en princesse? A Mardi gras, ces désirs secrets peuvent devenir réalité et, à ce moment-là, la joie bat son plein.

Pour une fête de carnaval, la décoration doit être gaie et colorée. Cela vaut pour la pièce, comme pour la table, sur laquelle vous servirez. Décorez tout avec des accessoires multicolores et originaux, comme serpentins, guirlandes, confettis et papiers de couleur.

Les mets eux-mêmes doivent correspondre à la gaieté du cadre, car, décorés avec astuce, ils contribuent à l'ambiance décontractée. Un plateau de fromages banal est singulièrement transformé par une bande de souriceaux de radis roses (page 48). Ajoutez-y encore quelques fleurs de radis noir dans leur vase (page 49) et l'arrangement est parfait.

Les petites corbeilles en carottes, si jolies, font sortir de l'ordinaire n'importe quel plat. Pour les confectionner, il n'est besoin que d'un peu de patience et d'une main sûre. Piquer, à distance de 1 cm, des cure-dents sur le bord d'une rondelle d'orange épaisse. Puis tresser autour des cure-dents, de longues et fines lanières de carotte blanchies, afin de former une corbeille. Pour finir, planter sur les cure-dents de petites boules de carotte et de céleri, blanchies.

Pour les amateurs de sucreries, vous pouvez servir des "têtes-de-nègre" aux visages multicolores. Procurez-vous d'abord de grosses têtes-de-nègre fraîches, un pain de pâte d'amandes, des gaufrettes rondes et du chocolat de couverture. Préparez la pâte d'amandes comme indiqué à la page 110 et une petite portion de glaçage au sucre épais et liquide (page 120). Former avec les mains de petits os et des rondelles (pour les chapeaux) de pâte d'amandes. Coller les rondelles de pâte d'amandes avec le glaçage au sucre sur les gaufrettes et cercler de chocolat de couverture. Puis appliquer les yeux et la bouche avec le sucre de glaçage et enfoncer de petits raisins secs couverts de chocolat dans les yeux. Faire les nez en pâte d'amandes rose et les coller avec le sucre. Sur les têtes, coller avec du sucre, soit les os en pâte d'amandes, soit un chapeau en gaufrette. A côté des os, on peut coller avec le sucre des cheveux en vermicelle de chocolat.

Pâques

Le printemps approche à grands pas, de chauds rayons de soleil entrent par les fenêtres et, au jardin, poussent les premières fleurs. La nature sort de son long sommeil hivernal et nous enchante de ses couleurs et parfums.
En préparant la table pascale, il faut capter cette atmosphère. Une composition faite d'une nappe jaune pâle et de porcelaine blanche ou pastel est du plus bel effet. Un bouquet de fleurs touffu, composé, par exemple, de narcisses, et des œufs de Pâques multicolores complètent le tout. Posez les œufs sur un lit de cresson et décorez-le, peut-être encore, de petits rubans.
Les mets peuvent aussi prendre une allure pascale. En plus de divers gâteaux, on peut aussi prévoir un agneau pascal en biscuit, fait à la maison. Le moule nécessaire à la confection du biscuit se trouve dans les magasins d'ustensiles pour la maison, bien approvisionnés.
En plus des gâteaux, faites aussi de petits lapins en pâte d'amandes (page 114 et 115), du meilleur effet sur la table ou dans l'assiette des convives. Si vous ne disposez que de peu de temps, vous pouvez faire les lapins avec une méthode simplifiée. Etendre de la pâte d'amandes liée (page 110) en une couche de 1 cm ½ d'épaisseur et, à l'aide d'emporte-pièce en forme de lapin, découper de petits lapins (page 112). Modeler les contours des oreilles et des bras avec un ustensile à gaufrer et, avec de petits bouts de pâte d'amandes teintée, faire les têtes et les pattes. Un petit couple de lapins sur une découpe fine de pâte d'amandes est d'un joli effet. C'est une garniture qui convient aussi sur un gros gâteau.

Noël

Noël est bien souvent un moment de recueillement. Plus il fait froid dehors et plus on aspire, chez soi, à une atmosphère intime et chaleureuse.
Des branches de sapin, les bougies et les décorations d'arbres de Noël, en bois ou en verre, par exemple, sont des décorations classiques à Noël. Le jour de Noël se doit d'être fêté dignement. Nappez la table dans des tons chauds et décorez-la de petites étoiles d'or ou d'argent. Il n'y a pas que la table qui doive être décorée avec amour, les mets peuvent eux aussi être pourvus de petites décorations de Noël. On peut orner les plats salés de petites brochettes de sapins de Noël (page 89). Accrochez au bout de la pique une étoile de papier, qui brille à la lumière.
En plus des biscuits et petits gâteaux de Noël, on peut avoir aussi une bûche de Noël, décorée d'anges en pâte d'amandes (page 114). Mais comme clou du buffet, on peut présenter une maison en pain d'épice. Comme sa confection demande beaucoup de temps, il est recommandé de l'acheter chez un pâtissier. Il est d'ailleurs préférable de la commander d'avance. En outre, la maison en pain d'épice peut servir de décoration de Noël dans une pièce.

Saint-Sylvestre

A chacun sa manière de passer le cap de l'année nouvelle: en faisant une fête bruyante avec de nombreux amis, autour d'une fondue ou d'une raclette conviviale en famille, ou alors en dînant en tête à tête. Peu importe la façon de fêter le nouvel an, seule l'atmosphère compte. Décorez la table ou le buffet avec les accessoires qui conviennent à l'occasion. Avec des cotillons et des bonbons de farces et attrapes, vous créerez, à peu de frais, une joyeuse atmosphère de fête dans la pièce.
Si on veut saluer dignement le nouvel an, le traditionnel verre de champagne pour porter un toast à minuit s'impose. Auparavant, vous pouvez offrir des cocktails préparés par vos soins; ils sont de nos jours de plus en plus appréciés. Plus ils sont colorés et beaux, mieux c'est. Aux pages 144 et 145, vous trouverez diverses décorations de verres, que vous pouvez évidemment varier au gré de votre fantaisie.
Au nouvel an, on prend toujours de bonnes résolutions et on souhaite tout le bonheur possible à ses semblables, pour l'année à venir. Pourquoi alors ne pas exprimer ses souhaits sous forme de petits présents? Des porte-bonheur en pâte d'amandes, comme un fer à cheval, des cochonnets ou des dés de taille différente, font de jolis paquets cadeaux. Disposés sur la table, ils font aussi un joli petit porte-bonheur personnel à emporter chez soi. Pour la préparation de la pâte d'amandes, vous référer aux pages 112 à 115.

Index des ingrédients

Citron et limette

Concombre

Courge

Courgette

Décorations d'assiettes

Décorations de plats

Décorations de verre

Décorations pour grandes occasions

Fromage

Garnitures de gâteaux

Gelée

Kiwi

Médaillons

Melon

Œuf

Orange

Pâte d'amandes

Pâtisseries

Poire

Poivron

Pomme

Index des recettes

Abréviations utilisées dans ce livre:

cl	=	centilitre (10 ml = 1cl, 100 cl = 1 l)
cm	=	centimètre
c. à s.	=	cuillère à soupe
c. à c.	=	cuillère à café
env.	=	environ
g	=	gramme
kg	=	kilogramme

Titre original : Mit Lust und Liebe garnieren und verzieren
(Marianne Müller, Erik Pratsch, Hubert Krieg)

Photos: T. + E. Creative Fotografie + Styling, Carla Damler, Brigitte Harms, TLC-Foto-Studio, Wolgang Vollmer.
Lay-out: A.F. Endress

Cette édition par: Delphi, Belgique-France
D-MCMXCIX-0001-312
Imprimé dans l'UE